Entwurf eines Gesetzes

über die

Angelegenheiten der freiwilligen Gerichtsbarkeit.

Reichstagsvorlage.

Berlin SW.[48]
Wilhelmstr. 119/120.
J. Guttentag, Verlagsbuchhandlung.
1897.

Inhaltsverzeichnis des Entwurfs.

Wir Wilhelm, von Gottes Gnaden Deutscher Kaiser, König von Preußen ꝛc.

verordnen im Namen des Reichs, nach erfolgter Zustimmung des Bundesraths und des Reichstags, was folgt:

Erster Abschnitt.

Allgemeine Vorschriften.

§ 1. Für diejenigen Angelegenheiten der freiwilligen Gerichtsbarkeit, welche durch Reichsgesetz den Gerichten übertragen sind, gelten, soweit nicht ein Anderes bestimmt ist, die nachstehenden allgemeinen Vorschriften.

§ 2. Die Gerichte haben sich Rechtshülfe zu leisten. Die §§. 158 bis 169 des Gerichtsverfassungsgesetzes finden Anwendung.

§ 3. Soweit für die örtliche Zuständigkeit der Gerichte der Wohnsitz eines Betheiligten maßgebend ist, bestimmt sich für Deutsche, die das Recht der Exterritorialität genießen, sowie für Beamte des Reichs oder eines Bundesstaats, die im Ausland angestellt sind, der Wohnsitz nach den Vorschriften des §. 16 der Civilprozeßordnung.

§ 4. Unter mehreren zuständigen Gerichten gebührt demjenigen der Vorzug, welches zuerst in der Sache thätig geworden ist.

§ 5. Besteht Streit oder Ungewißheit darüber, welches von mehreren Gerichten örtlich zuständig ist, so wird das zuständige Gericht durch das gemeinschaftliche obere Gericht bestimmt. Ist das zuständige Gericht in einem einzelnen Falle an der Ausübung des Richteramts rechtlich oder thatsächlich verhindert, so erfolgt die Bestimmung durch das ihm im Instanzenzuge vorgeordnete Gericht.

Eine Anfechtung der Entscheidung findet nicht statt.

§ 6. Die Ablehnung eines Richters ist ausgeschlossen.

Ein Richter soll sich der Ausübung seines Amtes enthalten:
1. in Sachen, in denen er selbst betheiligt ist oder in denen er zu einem Betheiligten in dem Verhältniß eines Mitberechtigten oder Mitverpflichteten steht;
2. in Sachen seiner Ehefrau, auch wenn die Ehe nicht mehr besteht;
3. in Sachen einer Person, mit der er in gerader Linie oder im zweiten Grade der Seitenlinie verwandt oder verschwägert ist;
4. in Sachen, in denen er als Vertreter eines Betheiligten bestellt oder als gesetzlicher Vertreter eines solchen aufzutreten berechtigt ist.

§ 7. Gerichtliche Verfügungen sind nicht aus dem Grunde unwirksam, weil sie von einem örtlich unzuständigen Gericht erlassen sind.

§ 8. Auf das gerichtliche Verfahren finden die Vorschriften des Gerichtsverfassungsgesetzes über die Gerichtssprache, über die Sitzungspolizei und über die Berathung und Abstimmung entsprechende Anwendung, die Vorschriften über die Gerichtssprache mit den sich aus dem §. 9 ergebenden Abweichungen.

§ 9. Der Zuziehung eines Dolmetschers bedarf es nicht, wenn der Richter der Sprache, in der sich die betheiligten Personen erklären, mächtig ist; die Beeidigung des Dolmetschers ist nicht erforderlich, wenn die betheiligten Personen darauf verzichten. Auf den Dolmetscher finden die Vorschriften des §. 6 entsprechende Anwendung.

§ 10. Auf das gerichtliche Verfahren sind die Gerichtsferien ohne Einfluß. Die Bearbeitung der Vormundschaftssachen und der Nachlaßsachen kann während der Ferien unterbleiben, soweit das Bedürfniß einer Beschleunigung nicht vorhanden ist.

§ 11. Anträge und Erklärungen können zum Protokoll des Gerichtsschreibers des zuständigen Gerichts oder des Gerichtsschreibers eines Amtsgerichts erfolgen.

§ 12. Das Gericht hat von Amtswegen die zur Feststellung der Thatsachen erforderlichen Ermittelungen zu veranstalten und die geeignet erscheinenden Beweise aufzunehmen.

§ 13. Die Betheiligten können sich, soweit nicht das Gericht das persönliche Erscheinen anordnet, durch Bevollmächtigte vertreten lassen. Die Bevollmächtigten haben auf Anordnung des Gerichts oder auf Verlangen eines Betheiligten die Bevollmächtigung durch eine öffentlich beglaubigte Vollmacht nachzuweisen.

§ 14. Die Vorschriften der Civilprozeßordnung über den Zeugenbeweis, über den Beweis durch Sachverständige und über das Verfahren bei der Abnahme von Eiden finden entsprechende Anwendung. Ueber die Beeidigung eines Zeugen oder Sachverständigen entscheidet jedoch, unbeschadet der §§. 358, 367 der Civilprozeßordnung, das Ermessen des Gerichts.

Behufs der Glaubhaftmachung einer thatsächlichen Behauptung kann ein Betheiligter zur Versicherung an Eidesstatt zugelassen werden.

§ 15. Gerichtliche Verfügungen werden mit der Bekanntmachung an denjenigen, für welchen sie ihrem Inhalte nach bestimmt sind, wirksam.

Die Bekanntmachung erfolgt, wenn mit ihr der Lauf einer Frist beginnt, durch Zustellung nach den für die Zustellung von Amtswegen geltenden Vorschriften der Civilprozeßordnung; durch die Landesjustizverwaltung kann jedoch für Zustellungen im Ausland eine einfachere Art der Zustellung angeordnet werden. In denjenigen Fällen, in welchen mit der Bekanntmachung nicht der Lauf einer Frist beginnt, soll in den Akten vermerkt werden, in welcher Weise, an welchem Orte und an welchem Tage die Bekanntmachung zur Ausführung gebracht ist; durch die Landes-Justizverwaltung kann näher bestimmt werden, in welcher Weise in diesen Fällen die Bekanntmachung zur Ausführung gebracht werden soll.

Anwesenden kann die Verfügung zu Protokoll bekannt gemacht werden.

§ 16. Für die Berechnung der Fristen gelten die Vorschriften des Bürgerlichen Gesetzbuchs.

Fällt das Ende der Frist auf einen Sonntag oder allgemeinen Feiertag, so endigt die Frist mit dem Ablaufe des nächstfolgenden Werktags.

§ 17. Erachtet das Gericht eine von ihm erlassene Verfügung nachträglich für ungerechtfertigt, so ist es berechtigt, sie zu ändern; soweit eine Verfügung nur auf Antrag erlassen werden kann und der Antrag zurückgewiesen worden ist, darf die Aenderung nur auf Antrag erfolgen.

Zu der Aenderung einer Verfügung, die der sofortigen Beschwerde unterliegt, ist das Gericht nicht befugt.

§ 18. Gegen die Verfügungen des Gerichts erster Instanz findet das Rechtsmittel der Beschwerde statt.

Ueber die Beschwerde entscheidet das Landgericht, in dessen Bezirke das Gericht seinen Sitz hat.

§ 19. Die Beschwerde steht Jedem zu, dessen Recht durch die Verfügung beeinträchtigt ist.

Soweit eine Verfügung nur auf Antrag erlassen werden kann und der Antrag zurückgewiesen worden ist, steht die Beschwerde nur dem Antragsteller zu.

§ 20. Die Beschwerde kann bei dem Gericht, dessen Verfügung angefochten wird, oder bei dem Beschwerdegericht eingelegt werden.

Die Einlegung erfolgt durch Einreichung einer Beschwerdeschrift oder durch Erklärung zum Protokolle des Gerichtsschreibers desjenigen Gerichts, dessen Verfügung angefochten wird, oder des Gerichtsschreibers des Beschwerdegerichts.

§ 21. Die sofortige Beschwerde ist binnen einer Frist von zwei Wochen einzulegen. Die Frist beginnt mit dem Zeitpunkt, in welchem die Verfügung dem Beschwerdeführer bekannt gemacht worden ist.

Einem Beschwerdeführer, der ohne sein Verschulden verhindert war, die Frist einzuhalten, ist auf Antrag von dem Beschwerdegerichte die Wiedereinsetzung in den vorigen Stand zu ertheilen, wenn er die Beschwerde binnen zwei Wochen nach der Beseitigung des Hindernisses einlegt und die Thatsachen, welche die Wiedereinsetzung begründen, glaubhaft macht. Eine Versäumung der Frist, die in dem Verschulden eines Vertreters ihren Grund hat, wird als eine unverschuldete nicht angesehen. Gegen die Entscheidung über den Antrag findet die sofortige weitere Beschwerde statt. Nach dem Ablauf eines Jahres, von dem Ende der versäumten Frist an gerechnet, kann die Wiedereinsetzung nicht mehr beantragt werden.

§ 22. Die Beschwerde kann auf neue Thatsachen und Beweise gestützt werden.

§ 23. Die Beschwerde hat nur dann aufschiebende Wirkung, wenn sie gegen eine Verfügung gerichtet ist, durch die eine Strafe festgesetzt wird.

Das Gericht, dessen Verfügung angefochten wird, kann anordnen, daß die Vollziehung auszusetzen ist.

Das Beschwerdegericht kann vor der Entscheidung eine einstweilige Anordnung erlassen; es kann insbesondere anordnen, daß die Vollziehung der angefochtenen Verfügung auszusetzen ist.

§ 24. Die Entscheidung des Beschwerdegerichts ist mit Gründen zu versehen.

§ 25. Die Entscheidung des Beschwerdegerichts wird in den Fällen, in welchen die sofortige weitere Beschwerde stattfindet, erst mit der Rechtskraft wirksam. Das Beschwerdegericht kann jedoch die sofortige Wirksamkeit der Entscheidung anordnen.

§ 26. Gegen die Entscheidung des Beschwerdegerichts ist das Rechtsmittel der weiteren Beschwerde zulässig, wenn die Entscheidung auf einer Verletzung des Gesetzes beruht. Die Vorschriften der §§. 512, 513, 524, 526 der Civilprozeßordnung finden entsprechende Anwendung.

§ 27. Ueber die weitere Beschwerde entscheidet das Oberlandesgericht.

Will das Oberlandesgericht bei der Auslegung einer reichsgesetzlichen Vorschrift, welche eine der im §. 1 bezeichneten Angelegenheiten betrifft, von der auf weitere Beschwerde ergangenen Entscheidung eines anderen Oberlandesgerichts, falls aber über die Rechtsfrage bereits eine Entscheidung des Reichsgerichts ergangen ist, von dieser abweichen, so hat es die weitere Beschwerde unter Begründung seiner Rechtsauffassung dem Reichsgerichte vorzulegen. Der Beschluß über die Vorlegung ist dem Beschwerdeführer bekannt zu machen.

In den Fällen des Abs. 2 entscheidet über die weitere Beschwerde das Reichsgericht.

§ 28. Die weitere Beschwerde kann bei dem Gericht erster Instanz, dem Landgericht oder bei dem Oberlandesgericht eingelegt werden. Erfolgt die Einlegung durch Einreichung einer Beschwerdeschrift, so muß diese von einem Rechtsanwalt unterzeichnet sein. Der Zuziehung eines Rechtsanwalts bedarf es nicht, wenn die Beschwerde von einer Behörde eingelegt wird.

Soweit eine Verfügung der sofortigen Beschwerde unterliegt, findet auch gegen die Entscheidung des Beschwerdegerichts über diese Verfügung die sofortige weitere Beschwerde statt.

Das Gericht erster Instanz und das Landgericht sind nicht befugt, der weiteren Beschwerde abzuhelfen.

Im Uebrigen finden die Vorschriften über die Beschwerde entsprechende Anwendung.

§ 29. Die Entscheidungen über Beschwerden erfolgen bei den Landgerichten durch eine Civilkammer, bei den Oberlandesgerichten und dem Reichsgerichte durch einen Civilsenat. Ist bei einem Langericht eine Kammer für Handelssachen gebildet, so tritt für Handelssachen diese Kammer an die Stelle der Civilkammer.

Die Vorschriften des §. 137 des Gerichtsverfassungsgesetzes finden entsprechende Anwendung.

§ 30. Zeugnisse über die Rechtskraft einer Verfügung sind von dem Gerichtsschreiber erster Instanz zu ertheilen.

§ 31. Ist eine Verfügung, durch die Jemand die Fähigkeit oder die Befugniß zur Vornahme eines Rechtsgeschäfts oder zur Entgegennahme einer Willenserklärung erlangt, ungerechtfertigt, so hat, sofern nicht die Verfügung wegen Mangels der sachlichen Zuständigkeit des Gerichts unwirksam ist, die Aufhebung der Verfügung auf die Wirksamkeit der inzwischen von ihm oder ihm gegenüber vorgenommenen Rechtsgeschäfte keinen Einfluß.

Zweiter Abschnitt.

Vormundschaftssachen.

§ 32. Für die dem Vormundschaftsgericht obliegenden Verrichtungen sind die Amtsgerichte zuständig.

§ 33. Für die Vormundschaft ist das Gericht zuständig, dessen Bezirke der Mündel zu der Zeit, zu welcher die Anordnung der Vormundschaft erforderlich wird, seinen Wohnsitz oder in Ermangelung eines inländischen Wohnsitzes seinen Aufenthalt hat. Wird die Anordnung einer Vormundschaft über Geschwister erforderlich, die in den Bezirken verschiedener Vormundschaftsgerichte ihren Wohnsitz oder ihren Aufenthalt haben, so ist, wenn für einen der Mündel schon eine Vormundschaft anhängig ist, das für diese zuständige Gericht, anderenfalls dasjenige Gericht, in dessen Bezirke der jüngste Mündel seinen Wohnsitz oder seinen Aufenthalt hat, für alle Geschwister maßgebend.

Ist der Mündel ein Deutscher und hat er im Inlande weder Wohnsitz noch Aufenthalt, so ist das Gericht zuständig, in dessen Bezirke der Mündel seinen letzten inländischen Wohnsitz hatte. In Ermangelung eines solchen Wohnsitzes wird das zuständige Gericht, falls der Mündel einem Bundesstaat angehört, von der Landesjustizverwaltung, anderenfalls von dem Reichskanzler bestimmt.

Für die Vormundschaft über einen Minderjährigen, dessen Familienstand nicht zu ermitteln ist, ist das Gericht zuständig, in dessen Bezirke der Minderjährige aufgefunden wurde.

§ 34. Soll Jemand nach §. 1909 des Bürgerlichen Gesetzbuchs einen Pfleger erhalten, so ist, wenn bei einem inländischen Gericht eine Vormundschaft über ihn anhängig ist, für die Pflegschaft dieses Gericht zuständig. Im übrigen finden auf die Pflegschaft die Vorschriften des §. 33 Anwendung.

Für die Pflegschaft über einen Ausländer, für den bei einem inländischen Gericht eine Vormundschaft nicht anhängig ist und der im Inlande weder Wohnsitz noch Aufenthalt hat, ist das Gericht zuständig, in dessen Bezirke das Bedürfniß der Fürsorge hervortritt.

§ 35. Auf die Zuständigkeit für die Pflegschaft über einen Gebrechlichen finden die Vorschriften des §. 33 Abs. 1, 2 und des §. 34 Abs. 2 entsprechende Anwendung.

§ 36. Für die Pflegschaft über einen Abwesenden ist das Gericht zuständig, in dessen Bezirke der Abwesende seinen Wohnsitz hat.

Hat der Abwesende im Inlande keinen Wohnsitz, so finden die Vorschriften des §. 33 Abs. 2 und des §. 34 Abs. 2 entsprechende Anwendung.

§ 37. Für die Pflegschaft über eine Leibesfrucht ist das Gericht zuständig, welches für die Vormundschaft zuständig sein würde, falls das Kind zu der Zeit, zu welcher das Bedürfniß der Fürsorge hervortritt, geboren wäre.

§ 38. Wird im Falle des §. 1913 des Bürgerlichen Gesetzbuchs die Anordnung einer Pflegschaft für den bei einer Angelegenheit Betheiligten erforderlich, so ist das Gericht zuständig, in dessen Bezirke das Bedürfniß der Fürsorge hervortritt.

§ 39. Für die Pflegschaft zum Zwecke der Verwaltung und Verwendung eines durch öffentliche Sammlung zusammengebrachten Vermögens ist das Gericht des Ortes zuständig, an welchem bisher die Verwaltung geführt wurde.

§ 40. Wird eine Verrichtung des Vormundschaftsgerichts erforderlich, die nicht eine Vormundschaft oder eine Pflegschaft betrifft, so bestimmt sich die Zuständigkeit, soweit sich nicht aus dem Gesetz ein Anderes ergiebt, nach den Vorschriften des §. 33 Abs. 1, 2; maßgebend ist für jede einzelne Angelegenheit der Zeitpunkt, in welchem das Gericht damit befaßt wird.

Ist für die Person, in Ansehung deren die Thätigkeit des Vormundschaftsgerichts erforderlich wird, eine Vormundschaft oder eine Pflegschaft anhängig oder ist der Mutter, unter deren elterlicher Gewalt sie steht, ein Beistand bestellt, so ist das Gericht zuständig, bei welchem die Vormundschaft, Pflegschaft oder Beistandschaft anhängig ist.

§ 41. Für die in den §§. 1665, 1846 des Bürgerlichen Gesetzbuchs und im Artikel 23 Abs. 2 des Einführungsgesetzes zum Bürgerlichen Gesetzbuche bezeichneten Maßregeln ist auch das Gericht zuständig, in dessen Bezirke das Bedürfniß der Fürsorge hervortritt. Das Gericht soll, wenn eine Vormundschaft, Pflegschaft oder Beistandschaft anhängig ist, von den angeordneten Maßregeln dem nach §. 40 Abs. 2 zuständigen Gericht Mittheilung machen.

§ 42. Wird in einer Angelegenheit, welche die persönlichen Rechtsbeziehungen der Ehegatten zu einander oder das eheliche Güterrecht betrifft, eine Thätigkeit des Vormundschaftsgerichts erforderlich, so ist das Gericht zuständig, in dessen Bezirke der Mann seinen Wohnsitz oder in Ermangelung eines inländischen Wohnsitzes seinen Aufenthalt hat.

Ist der Mann ein Deutscher und hat er im Inlande weder Wohnsitz noch Aufenthalt, so finden die Vorschriften des §. 33 Absatz 2 entsprechende Anwendung.

Hat der Mann die Reichsangehörigkeit verloren, die Frau sie aber behalten, so ist, wenn der Mann im Inlande weder Wohnsitz noch Aufenthalt hat, das Gericht zuständig, in dessen Bezirke die Frau ihren Wohnsitz oder in Ermangelung eines inländischen Wohnsitzes ihren Aufenthalt hat; hat sie im Inlande weder Wohnsitz noch Aufenthalt, so finden die Vorschriften des §. 33 Abs. 2 entsprechende Anwendung.

Für die Zuständigkeit ist in Ansehung jeder einzelnen Angelegenheit der Zeitpunkt maßgebend, in welchem das Gericht damit befaßt wird.

§ 43. Das Vormundschaftsgericht kann die Vormundschaft aus wichtigen Gründen an ein anderes Vormundschaftsgericht abgeben, wenn sich dieses zur Uebernahme der Vormundschaft bereit erklärt; nach der Bestellung der Vormundes ist jedoch dessen Zustimmung erforderlich.

Einigen sich die Gerichte nicht oder verweigert der Vormund oder, wenn mehrere Vormünder die Vormundschaft gemeinschaftlich führen, einer von ihnen seine Zustimmung, so entscheidet das gemeinschaftliche obere Gericht. Eine Anfechtung der Entscheidung findet nicht statt.

Diese Vorschriften finden auf die Pflegschaft und die im §. 40 bezeichneten Angelegenheiten entsprechende Anwendung.

§ 44. Ist über einen Deutschen, der im Auslande seinen Wohnsitz oder Aufenthalt hat, die nach den Vorschriften des Bürgerlichen Gesetzbuchs erforderliche Vormundschaft im Ausland angeordnet, so kann die Anordnung der Vormundschaft im Inland unterbleiben, wenn dies im Interesse des Mündels liegt.

Hat ein Deutscher, für den im Inland eine Vormundschaft angeordnet ist, im Auslande seinen Wohnsitz oder Aufenthalt, so kann das Gericht, bei welchem die Vormundschaft anhängig ist, sie an den ausländischen Staat abgeben, wenn dies im Interesse des Mündels liegt, der Vormund seine Zustimmung ertheilt und der ausländische Staat sich zur Uebernahme bereit erklärt. Verweigert der Vormund oder, wenn mehrere Vormünder die Vormundschaft gemeinschaftlich führen, einer von ihnen seine Zustimmung, so entscheidet an Stelle des Gerichts, bei welchem die Vormundschaft anhängig ist, das im Instanzenzuge vorgeordnete Gericht. Eine Anfechtung der Entscheidung findet nicht statt.

Diese Vorschriften gelten auch für die Pflegschaft.

§ 45. Wird bei einem Standesbeamten die Geburt eines ehelichen Kindes nach dem Tode des Vaters oder die Geburt eines unehelichen Kindes oder der Tod einer Person, die ein minderjähriges Kind hinterlassen hat, oder die Auffindung eines Minderjährigen, dessen Familienstand nicht zu ermitteln ist, angezeigt oder wird vor einem Standesbeamten von einer Frau, die ein minderjähriges eheliches Kind hat, eine Ehe geschlossen, so hat der Standesbeamte hiervon dem Vormundschaftsgericht Anzeige zu machen.

§ 46. Erlangt der Gemeindewaisenrath von einem Falle Kenntniß, in welchem ein Vormund, ein Gegenvormund oder ein Pfleger zu bestellen ist, so hat er dem Vormundschaftsgericht Anzeige zu machen. Zugleich soll er die Person vorschlagen, die sich zum Vormund, Gegenvormund oder Pfleger eignet.

§ 47. Wird die Anordnung einer Vormundschaft oder einer Pflegschaft in Folge eines gerichtlichen Verfahrens erforderlich, so hat das Gericht das zuständige Vormundschaftsgericht hiervon zu benachrichtigen.

§ 48. Eine Verfügung, durch die von dem Vormundschaftsgerichte festgestellt wird, daß der Vater oder die Mutter auf längere Zeit an der Ausübung der elterlichen Gewalt thatsächlich verhindert ist, tritt mit der Bestellung des Vormundes in Wirksamkeit; hat jedoch während der Verhinderung des Vaters die Mutter die elterliche Gewalt auszuüben, so wird die Verfügung mit der Bekanntmachung an die Mutter wirksam.

Eine Verfügung, durch die von dem Vormundschaftsgerichte festgestellt wird, daß der Grund für das Ruhen der elterlichen Gewalt des Vaters oder der Mutter nicht mehr besteht, wird mit der Bekanntmachung an den Vater oder an die Mutter wirksam.

§ 49. Eine Verfügung, durch die ein Volljähriger unter vorläufige Vormundschaft gestellt wird, tritt, wenn die Entmündigung wegen Geisteskrankheit beantragt ist, mit der Bestellung des Vormundes, wenn die Entmündigung wegen Geistesschwäche, wegen Verschwendung oder wegen Trunksucht beantragt ist, mit der Bekanntmachung an den zu Entmündigenden, eine Verfügung, durch die eine vorläufige Vormundschaft aufgehoben wird, mit der Bekanntmachung an den Mündel in Wirksamkeit.

§ 50. Eine Verfügung, durch welche auf Antrag die Ermächtigung oder die Zustimmung eines Anderen zu einem Rechtsgeschäft ersetzt oder dem Ehemanne die im §. 1358 Abs. 1 des Bürgerlichen Gesetzbuchs vorgesehene Ermächtigung zur Kündigung ertheilt oder durch welche die Ausschließung oder Beschränkung der nach §. 1357 des Bürgerlichen Gesetzbuchs der Frau zustehenden Rechte aufgehoben wird, tritt erst mit der Rechtskraft in Wirksamkeit. Das Gleiche gilt von einer Verfügung, durch die auf Antrag des Kindes die Zustimmung der Mutter zur Ehelichkeitserklärung ihres Kindes ersetzt wird.

Bei Gefahr im Verzuge kann das Gericht die sofortige Wirksamkeit der Verfügung anordnen. Die Verfügung tritt mit der Bekanntmachung an den Antragsteller in Wirksamkeit.

§ 51. Liegen nach dem Ermessen des Vormundschaftsgerichts die Voraussetzungen vor, unter denen der Vormund, der Pfleger oder der Beistand zur Sicherheitsleistung angehalten werden kann, so ist das Gericht befugt, das Grundbuchamt um die Eintragung einer Sicherungshypothek an Grundstücken des Vormundes, des Pflegers oder des Beistandes zu ersuchen. Der Vormund, der Pfleger oder der Beistand soll soweit thunlich vorher gehört werden. Die Hypothek entsteht mit der Eintragung.

Diese Vorschriften finden auf die Eintragung eines Pfandrechts an einem im Schiffsregister eingetragenen Schiffe entsprechende Anwendung.

§ 52. Eine Verfügung, durch welche die Genehmigung zu einem Rechtsgeschäft ertheilt oder verweigert wird, kann von dem Vormundschaftsgericht insoweit nicht mehr geändert werden, als die Genehmigung oder deren Verweigerung einem Dritten gegenüber wirksam geworden ist.

§ 53. Die Volljährigkeitserklärung soll nur auf Antrag des Minderjährigen oder desjenigen gesetzlichen Vertreters des Minderjährigen erfolgen, welchem die Sorge für die Person zusteht.

Die Verfügung, durch welche der Minderjährige für volljährig erklärt wird, tritt erst mit der Rechtskraft in Wirksamkeit.

§ 54. Die Beschwerde steht, unbeschadet der Vorschriften des §. 19, zu:

1. gegen eine Verfügung, durch welche die Anordnung einer Vormundschaft abgelehnt oder eine Vormundschaft aufgehoben wird, Jedem, der ein rechtliches Interesse an der Aenderung der Verfügung hat, sowie dem Ehegatten, den Verwandten und Verschwägerten des Mündels, es sei denn, daß die Verfügung eine vorläufige Vormundschaft betrifft;
2. gegen eine Verfügung, durch welche die Anordnung einer vorläufigen Vormundschaft abgelehnt oder eine solche Vormundschaft aufgehoben wird, denjenigen, welche den Antrag auf Entmündigung zu stellen berechtigt sind;
3. gegen eine Verfügung, durch welche die Anordnung einer Pflegschaft abgelehnt, oder eine Pflegschaft aufgehoben wird, Jedem, der ein rechtliches Interesse an der Aenderung der Verfügung hat, in den Fällen der

§§. 1909, 1910 des Bürgerlichen Gesetzbuchs auch dem Ehegatten sowie den Verwandten und Verschwägerten des Pflegebefohlenen; diese Vorschrift gilt jedoch im Falle des §. 1910 nur dann, wenn eine Verständigung mit dem Pflegebefohlenen nicht möglich ist;

4. gegen eine Verfügung, durch welche die Einsetzung eines Familienraths abgelehnt oder der Familienrath aufgehoben wird, dem Ehegatten sowie jedem Verwandten oder Verschwägerten des Mündels;
5. gegen eine Verfügung, durch die ein Antrag des Gegenvormundes oder des Beistandes zurückgewiesen wird, gegen den gesetzlichen Vertreter wegen pflichtwidrigen Verhaltens einzuschreiten oder den Vormund oder den Pfleger aus einem der im §. 1886 des Bürgerlichen Gesetzbuchs bezeichneten Gründe zu entlassen, dem Antragsteller;
6. gegen eine Verfügung, durch die dem Vormund oder dem Pfleger eine Vergütung bewilligt wird, dem Gegenvormunde;
7. gegen eine Verfügung, durch welche die Anordnung einer der in den §§. 1665 bis 1667 des Bürgerlichen Gesetzbuchs vorgesehenen Maßregeln abgelehnt oder eine solche Maßregel aufgehoben wird, den Verwandten und Verschwägerten des Kindes;
8. gegen die Verfügung, durch welche in den Fällen des §. 1687 Nr. 1, 3 des Bürgerlichen Gesetzbuchs die Bestellung eines Beistandes der Mutter abgelehnt oder die Bestellung aufgehoben wird, dem Ehegatten sowie den Verwandten und Verschwägerten des Kindes.

§. 55. Führen mehrere Vormünder oder Pfleger die Vormundschaft oder die Pflegschaft gemeinschaftlich, so kann jeder von ihnen für den Mündel das Beschwerderecht selbständig ausüben.

Diese Vorschrift findet in den Fällen der §§. 1629, 1798 des Bürgerlichen Gesetzbuchs entsprechende Anwendung.

§ 56. Ein unter elterlicher Gewalt stehendes Kind oder ein unter Vormundschaft stehender Mündel kann in allen seine Person betreffenden Angelegenheiten ohne Mitwirkung seines gesetzlichen Vertreters das Beschwerderecht ausüben. Das Gleiche gilt in Angelegenheiten, in denen der Mündel vor einer Entscheidung des Vormundschaftsgerichts gehört werden soll.

Diese Vorschriften finden auf Personen, die geschäftsunfähig sind oder nicht das vierzehnte Lebensjahr vollendet haben, keine Anwendung.

§ 57. Die sofortige Beschwerde findet statt:

1. gegen eine Verfügung, durch die ein als Vormund, Pfleger, Gegenvormund, Beistand oder Mitglied des Familienraths Berufener übergangen wird;
2. gegen eine Verfügung, durch welche die Weigerung, eine Vormundschaft, Pflegschaft, Gegenvormundschaft oder Beistandschaft zu übernehmen, zurückgewiesen wird;
3. gegen eine Verfügung, durch die ein Vormund, Pfleger, Gegenvormund oder Beistand gegen seinen Willen entlassen wird;
4. gegen eine Verfügung, durch die der Familienrath aufgehoben oder ein Mitglied des Familienraths gegen seinen Willen entlassen wird;
5. gegen eine Verfügung, durch die ein Volljähriger unter vorläufige Vormundschaft gestellt wird;
6. gegen Verfügungen, die erst mit der Rechtskraft wirksam werden.

Die Frist beginnt in den Fällen des Abs. 1 Nr. 1 mit dem Zeitpunkt, in welchem der Beschwerdeführer von seiner Uebergehung Kenntniß erlangt, im Falle der Aufhebung des Familienraths mit dem Zeitpunkt, in welchem das Vormundschaftsgericht die bisherigen Mitglieder von der Aufhebung in Kenntniß setzt.

§ 58. Wird eine Verfügung, durch die ein Volljähriger unter vorläufige Vormundschaft gestellt ist, von dem Beschwerdegericht aufgehoben, so kann die Wirksamkeit der von oder gegenüber dem Volljährigen vorgenommenen Rechtsgeschäfte nicht auf Grund der aufgehobenen Verfügung in Frage gestellt werden.

§ 59. Eine Verfügung, durch welche die Genehmigung zu einem Rechtsgeschäft ertheilt oder verweigert wird, kann auch von dem Beschwerdegericht insoweit nicht mehr geändert werden, als die Genehmigung oder deren Verweigeruug einem Dritten gegenüber wirksam geworden ist.

Eine Verfügung, durch welche die Zustimmung zu einer Ehelichkeitserklärung ersetzt worden ist, kann nicht mehr geändert werden, wenn die Ehelichkeitserklärung erfolgt ist.

§ 60. Auf die weitere Beschwerde finden die Vorschriften der §§. 54 bis 59 entsprechende Anwendung.

§ 61. Gegen eine Verfügung, durch die über die Entlassung eines Mitglieds des Familienraths von dem Gerichte, welches dem Vormundschaftsgericht im Instanzenzuge vorgeordnet ist, entschieden wird, findet die Beschwerde an das Oberlandesgericht statt. Die weitere Beschwerde ist ausgeschlossen.

Dritter Abschnitt.

Annahme an Kindesstatt.

§ 62. Die Bestätigung des Vertrags, durch welchen Jemand an Kindesstatt angenommen oder das durch die Annahme an Kindesstatt begründete Rechtsverhältniß wieder aufgehoben wird, gehört zur Zuständigkeit der Amtsgerichte.

§ 63. Für die Bestätigung ist das Gericht zuständig, in dessen Bezirke der Annehmende zu der Zeit, zu welcher der Antrag auf Bestätigung eingereicht oder nach Maßgabe des §. 1753 Abs. 2 des Bürgerlichen Gesetzbuchs das Gericht oder der Notar mit der Einreichung betraut ist, seinen Wohnsitz oder in Ermangelung eines inländischen Wohnsitzes seinen Aufenthalt hat.

Ist der Annehmende ein Deutscher und hat er im Inlande weder Wohnsitz noch Aufenthalt, so ist das Gericht zuständig, in dessen Bezirke der Annehmende seinen letzten inländischen Wohnsitz hatte. In Ermangelung eines solchen Wohnsitzes wird das zuständige Gericht für Angehörige eines Bundesstaats von der Landesjustizverwaltung, für andere Deutsche von dem Reichskanzler bestimmt.

§ 64. Der Beschluß, durch welchen die Bestätigung ertheilt wird, tritt mit der Bekanntmachung an den Annehmenden in Wirksamkeit.

Ist die Bestätigung noch nach dem Tode des Annehmenden zulässig, so tritt der Beschluß, unbeschadet der Vorschriften des §. 1753 Abs. 3 und des §. 1770 des Bürgerlichen Gesetzbuchs, mit der Bekanntmachung an das Kind in Wirksamkeit. Wird nach dem Tode des Annehmenden und des Kindes das zwischen den übrigen Betheiligten bestehende Rechtsverhältniß durch Vertrag aufgehoben, so tritt der Beschluß, durch welchen die Aufhebung bestätigt wird, mit der Bekanntmachung an die übrigen Betheiligten in Wirksamkeit.

Das Gericht ist zu einer Aenderung des Beschlusses nicht befugt.

§ 65. Gegen den Beschluß, durch welchen die Bestätigung ertheilt wird, findet kein Rechtsmittel statt.

Gegen den Beschluß, durch welchen die Bestätigung versagt wird, findet die sofortige Beschwerde statt. Die Beschwerde steht jedem der Vertragschließenden zu, auch wenn der Antrag auf Bestätigung von ihm nicht gestellt war. Die Vorschriften des §. 21 Abs. 2, des §. 23 Abs. 3 und des §. 25 Satz 2 finden keine Anwendung.

Vierter Abschnitt.

Personenstand.

§ 66. Für die nach dem Gesetz über die Beurkundung des Personenstandes und die Eheschließung vom 6. Februar 1875 (Reichs-Gesetzbl. S. 23) dem Gericht erster Instanz obliegenden Verrichtungen sind die Amtsgerichte zuständig.

§ 67. Gegen eine Verfügung, durch welche angeordnet wird, daß eine Eintragung in dem Standesregister zu berichtigen ist, findet die sofortige Beschwerde statt. Die Verfügung tritt erst mit der Rechtskraft in Wirksamkeit.

§ 68. Sind Vorgänge, die auf Antrag eines Betheiligten in dem Standesregister am Rande einer Eintragung zu vermerken sind, von einem Notar beurkundet, so gilt dieser als ermächtigt, im Namen eines Betheiligten, dessen Erklärung beurkundet ist, die Eintragung des Vermerkes in das Standesregister zu beantragen.

Fünfter Abschnitt.

Nachlaß- und Theilungssachen.

§ 69. Für die dem Nachlaßgericht obliegenden Verrichtungen sind die Amtsgerichte zuständig.

§ 70. Die örtliche Zuständigkeit bestimmt sich nach dem Wohnsitze, den der Erblasser zur Zeit des Erbfalls hatte; in Ermangelung eines inländischen Wohnsitzes ist das Gericht zuständig, in dessen Bezirke der Erblasser zur Zeit des Erbfalls seinen Aufenthalt hatte.

Ist der Erblasser ein Deutscher und hatte er zur Zeit des Erbfalls im Inlande weder Wohnsitz noch Aufenthalt, so ist das Amtsgericht zuständig, in dessen Bezirke der Erblasser seinen letzten inländischen Wohnsitz hatte. In Ermangelung eines solchen Wohnsitzes wird das zuständige Amtsgericht, falls der Erblasser zur Zeit des Erbfalls einem Bundesstaat angehörte, von der Landesjustizverwaltung, anderenfalls von dem Reichskanzler bestimmt.

Ist der Erblasser ein Ausländer und hatte er zur Zeit des Erbfalls im Inlande weder Wohnsitz noch Aufenthalt, so ist jedes Amtsgericht, in dessen Bezirke sich Nachlaßgegenstände befinden, in Ansehung aller im Inlande befindlichen Nachlaßgegenstände zuständig. Die Vorschriften des §. 2369 Abs. 2 des Bürgerlichen Gesetzbuchs finden Anwendung.

§ 71. Für die Sicherung des Nachlasses ist jedes Amtsgericht zuständig, in dessen Bezirke das Bedürfniß der Fürsorge hervortritt. Das Amtsgericht soll von den angeordneten Maßregeln dem nach §. 70 zuständigen Nachlaßgerichte Mittheilung machen.

§ 72. Auf die Nachlaßpflegschaft finden die für Vormundschaftssachen geltenden Vorschriften dieses Gesetzes Anwendung. Unberührt bleiben die Vorschriften über die Zuständigkeit des Nachlaßgerichts; das Nachlaßgericht kann jedoch die Pflegschaft nach Maßgabe des §. 43 an ein anderes Nachlaßgericht abgeben.

§ 73. Gegen eine Verfügung, durch welche dem Antrage des Erben, die Nachlaßverwaltung anzuordnen, stattgegeben wird, ist die Beschwerde unzulässig.

Gegen eine Verfügung, durch welche dem Antrag eines Nachlaßgläubigers, die Nachlaßverwaltung anzuordnen, stattgegeben wird, findet die sofortige Beschwerde statt. Die Beschwerde steht nur dem Erben, bei Miterben jedem Erben, sowie dem Testamentsvollstrecker zu, welcher zur Verwaltung des Nachlasses berechtigt ist.

§ 74. Gegen eine Verfügung, durch welche dem Erben eine Inventarfrist bestimmt wird, findet die sofortige Beschwerde statt.

Das Gleiche gilt von einer Verfügung, durch welche über die Bestimmung einer neuen Inventarfrist oder über den Antrag des Erben, die Inventarfrist zu verlängern, entschieden wird.

In den Fällen der Abs. 1, 2 beginnt die Frist zur Einlegung der Beschwerde für jeden Nachlaßgläubiger mit dem Zeitpunkt, in welchem die Verfügung demjenigen Nachlaßgläubiger bekannt gemacht worden ist, welcher den Antrag auf die Bestimmung der Inventarfrist gestellt hat.

§ 75. Ist nach §. 1964 des Bürgerlichen Gesetzbuchs von dem Nachlaßgerichte festgestellt, daß ein anderer Erbe als der Fiskus nicht vorhanden ist, so hat das Gericht die Einsicht der dieser Feststellung vorausgegangenen Ermittelungen Jedem zu gestatten, der ein rechtliches Interesse glaubhaft macht.

§ 76. Verlangt ein Nachlaßgläubiger von dem Erben die Leistung des im §. 2006 des Bürgerlichen Gesetzbuchs vorgesehenen Offenbarungseides, so kann die Bestimmung des Termins zur Leistung des Eides sowohl von dem Nachlaßgläubiger als von dem Erben beantragt werden. Zu dem Termine sind beide Theile zu laden. Die Anwesenheit des Gläubigers ist nicht erforderlich.

§ 77. Gegen eine Verfügung, durch die nach den §§. 2151, 2153 bis 2155, 2192, 2193 und dem §. 2198 Abs. 2 des Bürgerlichen Gesetzbuchs dem Beschwerten oder einem Dritten eine Frist zur Erklärung bestimmt wird, findet die sofortige Beschwerde statt.

§ 78. Gegen eine Verfügung, durch die von dem Nachlaßgericht ein Testamentsvollstrecker ernannt oder einem zum Testamentsvollstrecker Ernannten eine Frist zur Erklärung über die Annahme des Amtes bestimmt wird, findet die sofortige Beschwerde statt.

Das Gleiche gilt von einer Verfügung, durch die ein Testamentsvollstrecker gegen seinen Willen entlassen wird.

§ 79. Führen mehrere Testamentsvollstrecker das Amt gemeinschaftlich, so steht gegen eine Verfügung, durch die das Nachlaßgericht Anordnungen des Erblassers für die Verwaltung des Nachlasses außer Kraft setzt oder bei einer Meinungsverschiedenheit zwischen den Testamentsvollstreckern entscheidet, jedem Testamentsvollstrecker die Beschwerde selbstständig zu.

Auf eine Verfügung, durch die bei einer Meinungsverschiedenheit zwischen den Testamentsvollstreckern über die Vornahme eines Rechtsgeschäfts das Nachlaßgericht entscheidet, finden die Vorschriften des §. 50 und des §. 57 Abs. 1 Nr. 6 entsprechende Anwendung.

§ 80. Gegen einen Beschluß, durch den ein Erbschein für kraftlos erklärt wird, findet die Beschwerde nicht statt. Das Gleiche gilt von einem Beschlusse, durch welchen eines der in den §§. 1507, 2368 des Bürgerlichen Gesetzbuchs und den §§. 37, 38 der Grundbuchordnung vorgesehenen gerichtlichen Zeugnisse für kraftlos erklärt wird.

§ 81. Wer ein rechtliches Interesse glaubhaft macht, kann verlangen, daß ihm von dem Gericht eine Ausfertigung des Erbscheins ertheilt werde. Das Gleiche gilt in Ansehung der im §. 80 Satz 2 bezeichneten Zeugnisse sowie in Ansehung der gerichtlichen Verfügungen, die sich auf die Ernennung oder die Entlassung eines Testamentsvollstreckers beziehen.

§ 82. Hinterläßt ein Erblasser mehrere Erben, so hat das Nachlaßgericht auf Antrag die Auseinandersetzung in Ansehung des Nachlasses zwischen den Betheiligten zu vermitteln, sofern nicht ein zur Bewirkung der Auseinandersetzung berechtigter Testamentsvollstrecker vorhanden ist.

Antragsberechtigt ist jeder Miterbe, der Erwerber eines Erbtheils sowie derjenige, welchem ein Pfandrecht oder ein Nießbrauch an einem Erbtheile zusteht.

§ 83. In dem Antrage sollen die Betheiligten und die Theilungsmasse bezeichnet werden.

Hält das Nachlaßgericht vor der Verhandlung mit den Betheiligten eine weitere Aufklärung für angemessen, so hat es den Antragsteller zur Ergänzung des Antrags, insbesondere zur Angabe der den einzelnen Betheiligten in Ansehung des Nachlasses zustehenden Ansprüche, zu veranlassen. Es kann dem Antragsteller auch die Beschaffung der Unterlagen aufgeben.

§ 84. Einem abwesenden Betheiligten kann, wenn die Voraussetzungen der Abwesenheitspflegschaft vorliegen und eine Pflegschaft über ihn nicht bereits anhängig ist, für das Auseinandersetzungsverfahren von dem Nachlaßgericht ein Pfleger bestellt werden. Für die Pflegschaft tritt an die Stelle des Vormundschaftsgerichts das Nachlaßgericht.

§ 85. Das Nachlaßgericht hat den Antragsteller und die übrigen Betheiligten, diese unter Mittheilung des Antrags, zu einem Verhandlungstermine zu laden. Die Ladung durch öffentliche Zustellung ist unzulässig. Die Ladung soll den Hinweis darauf enthalten, daß ungeachtet des Ausbleibens eines Betheiligten über die Auseinandersetzung verhandelt werden würde und daß, falls der Termin vertagt oder ein neuer Termin zur Fortsetzung der Verhandlung anberaumt werden sollte, die Ladung zu dem neuen Termin unterbleiben könne. Sind Unterlagen für die Auseinandersetzung vorhanden, so ist in der Ladung zu bemerken, daß die Unterlagen auf der Gerichtsschreiberei eingesehen werden können.

§ 86. Die Frist zwischen der Ladung und dem Termine muß mindestens zwei Wochen betragen.

Diese Vorschrift findet auf eine Vertagung sowie auf einen Termin zur Fortsetzung der Verhandlung keine Anwendung. In diesen Fällen kann die Ladung der zu dem früheren Termine geladenen Betheiligten durch die Verkündung des neuen Termins ersetzt werden.

§ 87. Treffen die erschienenen Betheiligten vor der Auseinandersetzung eine Vereinbarung über vorbereitende Maßregeln, insbesondere über die Art der Theilung, so hat das Gericht die Vereinbarung zu beurkunden. Das Gleiche gilt, wenn nur ein Betheiligter erschienen ist, in Ansehung der von diesem gemachten Vorschläge.

Sind die Betheiligten sämmtlich erschienen, so hat das Gericht die von ihnen getroffene Vereinbarung zu bestätigen. Dasselbe gilt, wenn die nicht erschienenen Betheiligten nachträglich ihre Zustimmung zu gerichtlichem Protokoll oder in einer öffentlich beglaubigten Urkunde ertheilen.

Ist ein Betheiligter nicht erschienen, so hat das Gericht, sofern er nicht nachträglich zugestimmt hat, ihm den Inhalt der Urkunde, soweit dieser ihn betrifft, bekannt zu machen und ihn gleichzeitig zu benachrichtigen, daß er die Urkunde auf der Gerichtsschreiberei einsehen und eine Abschrift der Urkunde fordern könne. Die Bekanntmachung muß den Hinweis darauf enthalten, daß, wenn der Betheiligte nicht innerhalb einer von dem Gerichte zu bestimmenden Frist die Anberaumung eines neuen Termins beantrage oder wenn er in dem neuen Termine nicht erscheine, sein Einverständniß mit dem Inhalt der Urkunde angenommen werde. Beantragt der Betheiligte rechtzeitig die Anberaumung eines neuen Termins und erscheint er in diesem Termine, so ist die Verhandlung fortzusetzen. Anderenfalls hat das Gericht die Vereinbarung zu bestätigen.

§ 88. War im Falle des §. 87 der Betheiligte ohne sein Verschulden verhindert, die Anberaumung eines neuen Termins rechtzeitig zu beantragen oder in dem neuen Termine zu erscheinen, so ist ihm auf Antrag von dem Nachlaßgerichte die Wiedereinsetzung in den vorigen Stand zu ertheilen, wenn er binnen zwei Wochen nach der Beseitigung des Hindernisses die Anberaumung eines neuen Termins beantragt und die Thatsachen, welche die Wiedereinsetzung begründen, glaubhaft macht. Eine Versäumung, die in dem Verschulden eines Vertreters ihren Grund hat, wird als eine unverschuldete nicht angesehen. Nach dem Ablauf eines Jahres, von dem Ende der versäumten Frist an gerechnet, kann die Wiedereinsetzung nicht mehr beantragt werden.

§ 89. Sobald nach Lage der Sache die Auseinandersetzung stattfinden kann, hat das Nachlaßgericht einen Auseinandersetzungsplan anzufertigen. Sind die erschienenen Betheiligten mit dem Inhalte des Planes einverstanden, so hat das Gericht die Auseinandersetzung zu beurkunden. Sind die Betheiligten sämmtlich erschienen, so hat das Gericht die Auseinandersetzung zu bestätigen; dasselbe gilt, wenn die nicht erschienenen Betheiligten nachträglich ihre Zustimmung zu gerichtlichem Protokoll oder in einer öffentlich beglaubigten Urkunde ertheilen.

Ist ein Betheiligter nicht erschienen, so hat das Gericht nach §. 87 Abs. 3 zu verfahren. Die Vorschriften des §. 88 finden entsprechende Anwendung.

§ 90. Ist vereinbart, daß eine Vertheilung durch das Loos geschehen soll, so wird das Loos, sofern nicht ein Anderes bestimmt ist, vor der Anfertigung des Auseinandersetzungsplans für die nicht erschienenen Betheiligten von einem durch das Gericht zu bestellenden Vertreter gezogen.

§ 91. Ergeben sich bei den Verhandlungen Streitpunkte, so ist ein Protokoll darüber aufzunehmen und das Verfahren bis zur Erledigung der Streitpunkte auszusetzen. Soweit bezüglich der unstreitigen Punkte die Aufnahme einer Urkunde ausführbar ist, hat das Gericht nach den §§. 87, 89 zu verfahren.

§ 92. Gegen den Beschluß, durch welchen eine vorgängige Vereinbarung oder eine Auseinandersetzung bestätigt, sowie gegen den Beschluß, durch welchen über den Antrag auf Wiedereinsetzung in den vorigen Stand entschieden wird, findet die sofortige Beschwerde statt. Die Beschwerde gegen den Bestätigungsbeschluß kann nur darauf gegründet werden, daß die Vorschriften über das Verfahren nicht beobachtet seien.

§ 93. Eine vorgängige Vereinbarung sowie eine Auseinandersetzung ist nach dem Eintritte der Rechtskraft des Bestätigungsbeschlusses für alle Betheiligten in gleicher Weise verbindlich wie eine vertragsmäßige Vereinbarung oder Auseinandersetzung.

§ 94. Aus einer vorgängigen Vereinbarung sowie aus einer Auseinandersetzung findet nach dem Eintritte der Rechtskraft des Bestätigungsbeschlusses die Zwangsvollstreckung statt. Die Vorschriften der §§. 703, 705 der Civilprozeßordnung finden Anwendung.

§ 95. Nach der Beendigung einer ehelichen Gütergemeinschaft oder einer fortgesetzten Gütergemeinschaft finden auf die Auseinandersetzung in Ansehung des Gesammtguts die Vorschriften der §§. 82 bis 94 entsprechende Anwendung.

Für die Auseinandersetzung ist, falls ein Antheil an dem Gesammtgute zu einem Nachlasse gehört, das Amtsgericht zuständig, welches für die Auseinandersetzung in Ansehung des Nachlasses zuständig ist. Im Uebrigen ist das Amtsgericht zuständig, in dessen Bezirke der Ehemann oder bei fortgesetzter Gütergemeinschaft der überlebende Ehegatte zur Zeit der Beendigung der Gütergemeinschaft seinen Wohnsitz oder in Ermangelung eines inländischen Wohnsitzes seinen Aufenthalt hatte. Hatte der Ehemann oder der Ehegatte zu der bezeichneten Zeit im Inlande weder Wohnsitz noch Aufenthalt, so finden die Vorschriften des §. 70 Abs. 2 entsprechende Anwendung.

Sechster Abschnitt.

Schiffspfandrecht.

§ 96. In Ansehung eines Pfandrechts an einem im Schiffsregister eingetragenen Schiffe soll, soweit nicht das Gesetz ein Anderes vorschreibt, eine Eintragung nur auf Antrag erfolgen. Der Zeitpunkt, in welchem der Antrag bei der Registerbehörde eingeht, soll auf dem Antrage genau vermerkt werden.

Antragsberechtigt ist Jeder, dessen Recht von der Eintragung betroffen wird oder zu dessen Gunsten die Eintragung erfolgen soll. Die Vorschriften der §§. 14 bis 18 der Grundbuchordnung finden entsprechende Anwendung.

§ 97. Eine Eintragung erfolgt, wenn derjenige sie bewilligt, dessen Recht von ihr betroffen wird.

§ 98. Zur Berichtigung des Schiffsregisters bedarf es der Bewilligung desjenigen, dessen Recht von der Berichtigung betroffen wird, nicht, wenn die Unrichtigkeit nachgewiesen wird. Dies gilt insbesondere für die Eintragung oder Löschung einer Verfügungsbeschränkung.

§ 99. Ist eine Vormerkung oder ein Widerspruch auf Grund einer einstweiligen Verfügung eingetragen, so bedarf es zur Löschung nicht der Bewilligung des Berechtigten, wenn die einstweilige Verfügung durch eine vollstreckbare Entscheidung aufgehoben ist. Diese Vorschrift findet entsprechende Anwendung, wenn auf Grund eines vorläufig vollstreckbaren Urtheils nach den Vorschriften der Civilprozeßordnung eine Vormerkung oder ein Widerspruch eingetragen ist.

§ 100. Soll die Uebertragung einer Forderung, für die ein Pfandrecht am Schiffe eingetragen ist oder für die ein solches Pfandrecht als Pfand haftet, eingetragen werden, so genügt es, wenn an Stelle der Eintragungsbewilligung die Abtretungserklärung des bisherigen Gläubigers vorgelegt wird.

Diese Vorschrift findet entsprechende Anwendung, wenn eine Belastung der Forderung eingetragen werden soll.

§ 101. Ein Pfandrecht am Schiffe darf nur mit Zustimmung des eingetragenen Eigenthümers, ein das Pfandrecht belastendes Recht nur mit Zustimmung des eingetragenen Pfandgläubigers gelöscht werden. Für eine Löschung, die zur Berichtigung des Schiffsregisters erfolgen soll, ist die Zustimmung nicht erforderlich, wenn die Unrichtigkeit des Registers nachgewiesen wird.

§ 102. In der Eintragungsbewilligung oder, wenn eine solche nicht erforderlich ist, in dem Eintragungsantrage sind der Name und die Ordnungsnummer, unter welcher das Schiff im Schiffsregister eingetragen ist, sowie die einzutragenden Geldbeträge in Reichswährung anzugeben.

§ 103. Eine Eintragung soll nur erfolgen, wenn die Eintragungsbewilligung oder die sonstigen zu der Eintragung erforderlichen Erklärungen vor der Registerbehörde zu Protokoll gegeben oder durch öffentliche oder öffentlich beglaubigte Urkunden nachgewiesen werden.

Andere Voraussetzungen der Eintragung bedürfen, soweit sie nicht bei der Registerbehörde offenkundig sind, des Nachweises durch öffentliche Urkunden. Die Vorschriften der §§. 33 bis 38 der Grundbuchordnung finden entsprechende Anwendung.

§ 104. Für den Eintragungsantrag sowie für die Vollmacht zur Stellung eines solchen gelten die Vorschriften des §. 103 Abs. 1 nur, wenn durch den Antrag zugleich eine zu der Eintragung erforderliche Erklärung ersetzt werden soll.

§ 105. Erklärungen, durch die ein Eintragungsantrag zurückgenommen oder eine zur Stellung des Eintragungsantrags ertheilte Vollmacht widerrufen wird, bedürfen der im §. 103 Abs. 1 vorgeschriebenen Form.

§ 106. In den Fällen, in denen nach gesetzlicher Vorschrift eine Behörde befugt ist, die Registerbehörde um eine Eintragung zu ersuchen, erfolgt die Eintragung auf Grund des Ersuchens der Behörde.

§ 107. Eine Eintragung soll nur erfolgen, wenn derjenige, dessen Recht durch sie betroffen wird, als der Berechtigte eingetragen ist.

Ist derjenige, dessen Recht durch eine Eintragung betroffen wird, Erbe des eingetragenen Berechtigten, so findet die Vorschrift des Abs. 1 keine Anwendung, wenn die Uebertragung oder die Aufhebung des Rechtes eingetragen werden soll oder wenn der Eintragungsantrag durch die Bewilligung des Erblassers oder eines Nachlaßpflegers oder durch einen gegen den Erblasser oder den Nachlaßpfleger vollstreckbaren Titel begründet wird. Das Gleiche gilt für eine Eintragung auf Grund der Bewilligung eines Testamentsvollstreckers oder auf Grund eines gegen diesen vollstreckbaren Titels, sofern die Bewilligung oder der Titel gegen den Erben wirksam ist.

§ 108. Bei einem Pfandrechte für die Forderung aus einer Schuldverschreibung auf den Inhaber, aus einem Wechsel oder einem anderen Papiere, das durch Indossament übertragen werden kann, soll eine Eintragung nur erfolgen, wenn die Urkunde vorgelegt wird.

Diese Vorschrift findet keine Anwendung, wenn eine Eintragung auf Grund der Bewilligung eines nach den §§. 1189, 1270 des Bürgerlichen Gesetzbuchs bestellten Vertreters oder auf Grund einer gegen diesen erlassenen gerichtlichen Entscheidung bewirkt werden soll.

§ 109. Jede Eintragung soll den Tag, an welchem sie erfolgt ist, angeben und mit der Unterschrift des zuständigen Beamten versehen werden.

§ 110. Die Eintragungen erhalten diejenige Reihenfolge, welche der Zeitfolge der Anträge entspricht; sind die Anträge gleichzeitig gestellt, so ist, wenn unter den Eintragungen ein Rangverhältniß besteht, im Schiffsregister zu vermerken, daß die Eintragungen gleichen Rang haben.

Diese Vorschriften finden insoweit keine Anwendung als das Rangverhältniß von den Antragstellern abweichend bestimmt ist.

§ 111. Die Löschung eines Rechtes oder einer Verfügungsbeschränkung erfolgt durch Eintragung eines Löschungsvermerkes.

§ 112. Werden mehrere Schiffe mit einem Pfandrechte belastet, so ist auf dem Blatte jedes Schiffes die Mitbelastung der übrigen von Amtswegen erkennbar zu machen. Das Gleiche gilt, wenn mit einem an einem Schiffe bestehenden Rechte nachträglich noch ein anderes Schiff belastet wird. Soweit eine Mitbelastung erlischt, ist dies von Amtswegen zu vermerken.

§ 113. Bei der Eintragung eines Pfandrechts für Theilschuldverschreibungen auf den Inhaber genügt es, wenn der Gesammtbetrag der Forderungen unter Angabe der Anzahl, des Betrags und der Bezeichnung der Theile eingetragen wird.

§ 114. Ist ein Testamentsvollstrecker ernannt, so ist dies bei der Eintragung des Erben des Gläubigers von Amtswegen miteinzutragen, es sei denn, daß das eingetragene Recht der Verwaltung des Testamentsvollstreckers nicht unterliegt.

§ 115. Ergiebt sich, daß die Registerbehörde unter Verletzung gesetzlicher Vorschriften eine Eintragung vorgenommen hat, durch die das Schiffsregister unrichtig geworden ist, so ist von Amtswegen ein Widerspruch einzutragen. Erweist sich eine Eintragung nach ihrem Inhalt als unzulässig, so ist sie von Amtswegen zu löschen.

§ 116. Jede Eintragung ist baldthunlichst auf dem Schiffszertifikat oder dem Schiffsbriefe zu vermerken.

Wird eine Urkunde über die Pfandforderung vorgelegt, so ist die Eintragung auch auf dieser Urkunde unter kurzer Bezeichnung des Inhalts der Eintragungen, welche dem Pfandrecht im Range vorgehen oder gleichstehen, zu vermerken. Der Vermerk ist mit Unterschrift und Siegel zu versehen.

§ 117. Jede Eintragung soll dem Antragsteller und dem eingetragenen Eigenthümer sowie im Uebrigen allen aus dem Schiffsregister ersichtlichen Personen bekannt gemacht werden, zu deren Gunsten die Eintragung erfolgt ist oder deren Recht durch sie betroffen wird. Auf die Bekanntmachung kann verzichtet werden.

§ 118. Die Beschwerde gegen eine Eintragung ist unzulässig. Im Wege der Beschwerde kann jedoch verlangt werden, daß die Registerbehörde angewiesen wird, nach §. 115 einen Widerspruch einzutragen oder eine Löschung vorzunehmen.

§ 119. Das Beschwerdegericht kann vor der Entscheidung durch eine einstweilige Anordnung der Registerbehörde aufgeben, eine Vormerkung oder einen Widerspruch einzutragen.

Die Vormerkung oder der Widerspruch wird von Amtswegen gelöscht, wenn die Beschwerde zurückgenommen oder zurückgewiesen wird.

§ 120. Bei der Einlegung der weiteren Beschwerde durch Einreichung einer Beschwerdeschrift bedarf es der Zuziehung eines Rechtsanwalts nicht, wenn die Beschwerde von dem Notar eingelegt wird, der die zu der Eintragung erforderliche Erklärung beurkundet oder beglaubigt und im Namen eines Antragsberechtigten den Eintragungsantrag gestellt hat. Die Vorschrift des §. 28 Abs. 1 Satz 3 bleibt unberührt.

Siebenter Abschnitt.

Handelssachen.

§ 121. Für die Führung des Handelsregisters sind die Amtsgerichte zuständig.

Durch Anordnung der Landesjustizverwaltung kann die Führung des Registers für mehrere Amtsgerichtsbezirke einem Amtsgericht übertragen werden.

§ 122. Die Organe des Handelsstandes sind verpflichtet, die Registergerichte behufs der Verhütung unrichtiger Eintragungen sowie behufs der Berichtigung und Vervollständigung des Handelsregisters zu unterstützen; sie sind berechtigt, Anträge zu diesem Zweck bei den Registergerichten zu stellen und gegen Verfügungen, durch die über solche Anträge entschieden wird, das Rechtsmittel der Beschwerde zu erheben.

Die näheren Bestimmungen werden von den Landesregierungen getroffen.

§ 123. Das Registergericht kann, wenn eine von ihm zu erlassende Verfügung von der Beurtheilung eines streitigen Rechtsverhältnisses abhängig ist, die Verfügung aussetzen, bis über das Verhältniß im Wege des Rechtsstreits entschieden ist. Es kann, wenn der Rechtsstreit nicht anhängig ist, einem der Betheiligten eine Frist zur Erhebung der Klage bestimmen.

§ 124. Die Anmeldungen zur Eintragung in das Handelsregister sowie die zur Aufbewahrung bei dem Gerichte bestimmten Zeichnungen von Unterschriften können zum Protokolle des Gerichtsschreibers des Registergerichts erfolgen.

§ 125. Ist die zu einer Eintragung erforderliche Erklärung von einem Notar beurkundet oder beglaubigt, so gilt dieser als ermächtigt, im Namen eines zur Anmeldung Verpflichteten die Eintragung zu beantragen. Die Vorschriften des §. 120 finden entsprechende Anwendung.

§ 126. Jede Eintragung soll den Tag, an welchem sie erfolgt ist, angeben und mit der Unterschrift des zuständigen Beamten versehen werden.

Jede Eintragung soll demjenigen, welcher sie beantragt hat, bekannt gemacht werden. Auf die Bekanntmachung kann verzichtet werden.

§ 127. Die Eintragung einer Zweigniederlassung ist von Amtswegen dem Registergerichte der Hauptniederlassung mitzutheilen und in dessen Register zu vermerken. Das Gleiche gilt, wenn die Zweigniederlassung aufgehoben wird.

§ 128. Die Landesjustizverwaltungen sind befugt, den Registergerichten Anweisungen bezüglich der für die Bekanntmachung der Eintragungen zu bestimmenden Blätter zu ertheilen.

§ 129. Sobald das Registergericht von einem sein Einschreiten nach den §§. 14, 319 und dem §. 325 Nr. 9 des Handelsgesetzbuchs rechtfertigenden Sachverhalte glaubhafte Kenntniß erhält, hat es dem Betheiligten unter Androhung einer angemessenen Ordnungsstrafe aufzugeben, innerhalb einer bestimmten Frist seiner gesetzlichen Verpflichtung nachzukommen oder die Unterlassung mittels Einspruchs gegen die Verfügung zu rechtfertigen.

Die Beschwerde gegen diese Verfügung ist unzulässig.

§ 130. Wird innerhalb der bestimmten Frist weder der gesetzlichen Verpflichtung genügt noch Einspruch erhoben, so ist die angedrohte Strafe festzusetzen und zugleich die frühere Verfügung unter Androhung einer erneuten Ordnungsstrafe zu wiederholen.

In gleicher Weise ist fortzufahren, bis der gesetzlichen Verpflichtung genügt oder Einspruch erhoben wird.

§ 131. Wird rechtzeitig Einspruch erhoben, so hat das Gericht, wenn sich der Einspruch nicht ohne Weiteres als begründet ergiebt, zur Erörterung der Sache den Betheiligten zu einem Termine zu laden.

Das Gericht kann, auch wenn der Betheiligte nicht erscheint, nach Lage der Sache entscheiden.

§ 132. Wird der Einspruch für begründet erachtet, so ist die erlassene Verfügung aufzuheben.

Anderenfalls hat das Gericht den Einspruch zu verwerfen und die angedrohte Strafe festzusetzen. Das Gericht kann, wenn die Umstände es rechtfertigen, von der Festsetzung einer Strafe absehen oder eine geringere als die angedrohte Strafe festsetzen.

Im Falle der Verwerfung des Einspruchs hat das Gericht zugleich eine erneute Verfügung nach §. 129 zu erlassen. Die in dieser Verfügung bestimmte Frist beginnt mit dem Eintritte der Rechtskraft der Verwerfung des Einspruchs.

§ 133. Gegen die Versäumung der Einspruchsfrist ist auf Antrag nach Maßgabe des §. 21 Abs. 2 die Wiedereinsetzung in den vorigen Stand zu ertheilen.

§ 134. Bei der Festsetzung der Ordnungsstrafe ist der Betheiligte zugleich in die Kosten des Verfahrens zu verurtheilen.

§ 135. Gegen den Beschluß, durch welchen die Ordnungsstrafe festgesetzt oder der Einspruch verworfen wird, findet die sofortige Beschwerde statt.

Ist die Strafe nach Maßgabe des §. 130 festgesetzt, so kann die Beschwerde nicht darauf gestützt werden, daß die Verfügung, durch welche die Strafe angedroht worden ist, nicht gerechtfertigt gewesen sei.

§ 136. Soll nach §. 37 Absatz 1 des Handelsgesetzbuchs gegen eine Person eingeschritten werden, die eine ihr nicht zustehende Firma gebraucht, so finden die Vorschriften der §§. 129 bis 135 mit der Maßgabe Anwendung, daß

1. in der nach §. 129 zu erlassenden Verfügung dem Betheiligten aufgegeben wird, sich des Gebrauchs der Firma zu enthalten oder binnen bestimmter Frist den Gebrauch der Firma mittelst Einspruchs gegen die Verfügung zu rechtfertigen;
2. die Ordnungsstrafe festgesetzt wird, falls kein Einspruch erhoben oder der erhobene Einspruch rechtskräftig verworfen ist und der Betheiligte nach der Bekanntmachung der Verfügung dieser zuwidergehandelt hat.

§. 137. Soll nach §. 31 Abs. 2 des Handelsgesetzbuchs das Erlöschen einer Firma von Amtswegen in das Handelsregister eingetragen werden, so hat das Registergericht den eingetragenen Inhaber der Firma oder dessen Rechtsnachfolger von der beabsichtigten Löschung zu benachrichtigen und ihm zugleich eine angemessene Frist zur Geltendmachung eines Widerspruchs zu bestimmen. Die Frist darf nicht weniger als drei Monate betragen.

Sind die bezeichneten Personen oder deren Aufenthalt nicht bekannt, so erfolgt die Benachrichtigung und die Bestimmung der Feist durch Einrückung in diejenigen Blätter, welche für die Bekanntmachungen der Eintragungen in das Handelsregister bestimmt sind. Es kann angeordnet werden, daß die Bekanntmachung noch in andere Blätter eingerückt wird.

Wird Widerspruch erhoben, so entscheidet über ihn das Gericht. Gegen die den Widerspruch zurückweisende Verfügung findet die sofortige Beschwerde statt.

Die Löschung darf nur erfolgen, wenn Widerspruch nicht erhoben oder wenn die den Widerspruch zurückweisende Verfügung rechtskräftig geworden ist.

§ 138. Ist eine Eintragung in das Handelsregister bewirkt, obgleich sie wegen Mangels einer wesentlichen Voraussetzung unzulässig war, so kann das Registergericht sie von Amtswegen löschen. Die Löschung geschieht durch Eintragung eines Vermerkes.

Das Gericht hat den Betheiligten von der beabsichtigten Löschung zu benachrichtigen und ihm zugleich eine angemessene Frist zur Geltendmachung eines Widerspruchs zu bestimmen.

Auf das weitere Verfahren finden die Vorschriften des §. 137 Abs. 3, 4 Anwendung.

§ 139. Die Löschung einer Eintragung kann gemäß den Vorschriften des §. 138 auch von dem Landgerichte verfügt werden, welches dem Registergericht vorgeordnet ist. Die Vorschrift des §. 29 Abs. 1 Satz 2 findet Anwendung.

Gegen die einen Widerspruch zurückweisende Verfügung des Landgerichts findet die sofortige Beschwerde an das Oberlandesgericht mit der Maßgabe statt, daß die Vorschriften des §. 27 Abs. 2, 3 zur entsprechenden Anwendung kommen. Die weitere Beschwerde ist ausgeschlossen.

§ 140. Eine in das Handelsregister eingetragene Aktiengesellschaft oder Kommanditgesellschaft auf Aktien kann gemäß den Vorschriften der §§. 138, 139 als nichtig gelöscht werden, wenn die Voraussetzungen vorliegen, unter denen nach den §§. 309, 310 des Handelsgesetzbuchs die Nichtigkeitsklage erhoben werden kann. Das Gleiche gilt für eine in das Handelsregister eingetragene Gesellschaft mit beschränkter Haftung, wenn die Voraussetzungen vorliegen, unter denen nach den §§. 75a, 75b des Gesetzes, betreffend die Gesellschaften mit beschränkter Haftung, die Nichtigkeitsklage erhoben werden kann.

Ein in das Handelsregister eingetragener Beschluß der Generalversammlung oder Versammlung der Gesellschafter einer der im Abs. 1 bezeichneten Gesellschaften kann gemäß den Vorschriften der §§. 138, 139 als nichtig gelöscht werden, wenn er durch seinen Inhalt zwingende Vorschriften des Gesetzes verletzt und seine Beseitigung im öffentlichen Interesse erforderlich erscheint.

In den Fällen der Abs. 1, 2 soll die nach §. 138 Abs. 2 zu bestimmende Frist mindestens drei Monate betragen.

§ 141. Die Amtsgerichte sind zuständig für die nach §. 146 Abs. 2, §. 147, §. 157 Abs. 2, §. 166 Abs. 3, §. 192 Abs. 3, §. 254 Abs. 3, §. 266 Abs. 2, § 268 Abs. 2, § 295 Abs. 2, 3, §. 302 Abs. 2 bis 4, §. 338 Abs. 3, §. 524 Abs. 1, 2, §. 530 Abs. 1, §§. 590, 685, §. 729 Abs. 1, § 884 Nr. 4 des Handelsgesetzbuchs von dem Gerichte zu erledigenden Angelegenheiten.

Ist die Führung des Handelsregisters für mehrere Amtsgerichtsbezirke einem Amtsgericht übertragen worden, so gehören zur Zuständigkeit dieses Amtsgerichts auch die im Abs. 1 bezeichneten Angelegenheiten, mit Ausnahme derjenigen Geschäfte, welche den Gerichten nach §. 524 Abs. 1, 2, §. 530 Abs. 1, §§. 590, 685, §. 729 Abs. 1, §. 884 Nr. 4 des Handelsgesetzbuchs obliegen.

§ 142. Soweit in den im §. 141 bezeichneten Angelegenheiten ein Gegner des Antragstellers vorhanden ist, hat ihn das Gericht wenn thunlich zu hören.

Gegen die Verfügung, durch welche über den Antrag entschieden wird, findet die sofortige Beschwerde statt.

Eine Anfechtung der Verfügung, durch welche einem nach §. 524 Abs. 1, 2, §. 530 Abs. 1, §. 685, §. 729 Abs. 1, §. 884 Nr. 4 des Handelsgesetzbuchs gestellten Antrage stattgegeben wird, ist ausgeschlossen.

§ 143. Die Vorschriften der §§. 123 bis 128, 138, 139

finden auf die Eintragungen in das Genossenschaftsregister entsprechende Anwendung.

Eine in das Genossenschaftsregister eingetragene Genossenschaft kann gemäß den Vorschriften der §§. 138, 139 als nichtig gelöscht werden, wenn die Voraussetzungen vorliegen, unter denen nach den §§. 90a, 90b des Gesetzes, betreffend die Erwerbs- und Wirthschaftsgenossenschaften, die Nichtigkeitsklage erhoben werden kann.

Ein in das Genossenschaftsregister eingetragener Beschluß der Generalversammlung einer Genossenschaft kann gemäß den Vorschriften der §§. 138, 139 als nichtig gelöscht werden, wenn er durch seinen Inhalt zwingende Vorschriften des Gesetzes verletzt und seine Beseitigung im öffentlichen Interesse erforderlich erscheint.

In den Fällen der Abs. 2, 3 soll die nach §. 138 Abs. 2 zu bestimmende Frist mindestens drei Monate betragen.

§ 144. Die Vorschriften des §. 142 Abs. 1, 2 finden auf die nach §. 43 Abs. 3, §. 59, §. 81 Abs. 3, 4, §. 90 des Gesetzes, betreffend die Erwerbs- und Wirthschaftsgenossenschaften, und nach §. 66 Abs. 2, 3, §. 75 des Gesetzes, betreffend die Gesellschaften mit beschränkter Haftung, von dem Registergerichte zu erledigenden Augelegenheiten Anwendung.

Gegen die Verfügung, durch welche der im §. 11 des Gesetzes, betreffend die privatrechtlichen Verhältnisse der Binnenschiffahrt, oder der im §. 8 des Gesetzes, betreffend die privatrechtlichen Verhältnisse der Flößerei, bezeichnete Antrag auf Beweisaufnahme oder der im §. 87 Absatz 2 des ersteren Gesetzes bezeichnete Antrag auf Bestellung eines Dispacheurs zurückgewiesen wird, findet die sofortige Beschwerde statt. Eine Anfechtung der Verfügung, durch welche einem solchen Antrage stattgegeben wird, ist ausgeschlossen.

§ 145. Für die Thätigkeit, welche den Gerichten in Ansehung der nach dem Handelsgesetzbuch oder nach dem Gesetze, betreffend die privatrechtlichen Verhältnisse der Binnenschiffahrt, aufzumachenden Dispache obliegt, ist das Amtsgericht des Ortes zuständig, an welchem die Vertheilung der Havereischäden zu erfolgen hat.

§ 146. Lehnt der Dispacheur den Auftrag eines Betheiligten zur Aufmachung der Dispache aus dem Grunde ab, weil ein Fall der großen Haverei nicht vorliege, so entscheidet über die Verpflichtung des Dispacheurs auf Antrag des Betheiligten das Gericht. Gegen die Verfügung findet die sofortige Beschwerde statt.

§ 147. Auf Antrag des Dispacheurs kann das Gericht einem Betheiligten unter Androhung von Ordnungsstrafen aufgeben, dem Dispacheur die in seinem Besitze befindlichen Schriftstücke, zu deren Mittheilung er gesetzlich verpflichtet ist, auszuhändigen. Die einzelne Strafe darf den Betrag von dreihundert Mark nicht übersteigen.

§ 148. Der Dispacheur ist verpflichtet, jedem Betheiligten Einsicht in die Dispache zu gewähren und ihm auf Verlangen eine Abschrift gegen Erstattung der Kosten zu ertheilen. Das Gleiche gilt, wenn die Dispache nach dem Gesetze, betreffend die privatrechtlichen Verhältnisse der Binnenschiffahrt, von dem Schiffer aufgemacht worden ist, für diesen.

§ 149. Jeder Betheiligte ist befugt, bei dem Gericht eine Verhandlung über die von dem Dispacheur aufgemachte Dispache zu beantragen. In dem Antrage sind diejenigen Betheiligten zu bezeichnen, welche zu dem Verfahren zugezogen werden sollen.

Wird ein Antrag auf gerichtliche Verhandlung gestellt, so hat das Gericht die Dispache und deren Unterlagen von dem Dispacheur einzuziehen und, wenn nicht offensichtlich die Voraussetzungen der großen Haverei fehlen, den Antragsteller sowie die von ihm bezeichneten Betheiligten zu einem Termine zu laden. Mehrere Anträge können von dem Gerichte zum Zwecke der gleichzeitigen Verhandlung verbunden werden.

Die Ladung muß den Hinweis darauf enthalten, daß, wenn der Geladene weder in dem Termin erscheine noch vorher Widerspruch gegen die Dispache bei dem Gericht anmelde, sein Einverständniß mit der Dispache angenommen werden würde. In der Ladung ist zu bemerken, daß die Dispache und deren Unterlagen auf der Gerichtsschreiberei eingesehen werden können.

Die Frist zwischen der Ladung und dem Termine muß wenigstens zwei Wochen betragen.

§ 150. Erachtet das Gericht eine Vervollständigung der Unterlagen der Dispache für nothwendig, so hat es die Beibringung der erforderlichen Belege anzuordnen. Die Vorschriften des §. 147 finden entsprechende Anwendung.

§ 151. In dem Termin ist mit den Erschienenen über die Dispache zu verhandeln.

Wird ein Widerspruch gegen die Dispache nicht erhoben und ist ein solcher auch vorher nicht angemeldet, so hat das Gericht die Dispache gegenüber den an dem Verfahren Betheiligten zu bestätigen.

Liegt ein Widerspruch vor, so haben sich die Betheiligten, deren Rechte durch ihn betroffen werden, zu erklären. Wird der Widerspruch als begründet anerkannt oder kommt anderweit eine Einigung zu Stande, so ist die Dispache demgemäß zu berichtigen. Erledigt sich der Widerspruch nicht, so ist die Dispache insoweit zu bestätigen, als sie durch den Widerspruch nicht berührt wird.

Werden durch den Widerspruch die Rechte eines in dem Termine nicht erschienenen Betheiligten betroffen, so wird angenommen, daß dieser den Widerspruch nicht als begründet anerkenne.

§ 152. Soweit ein Widerspruch nicht gemäß §. 151 Abs. 3 erledigt wird, hat ihn der Widersprechende durch Erhebung der Klage gegen diejenigen an dem Verfahren Betheiligten, deren Rechte durch den Widerspruch betroffen werden, zu verfolgen. Die das Vertheilungsverfahren betreffenden Vorschriften der §§. 764, 765 der Civilprozeßordnung finden mit der Maßgabe entsprechende Anwendung, daß das Gericht einem Betheiligten auf seinen Antrag, wenn erhebliche Gründe glaubhaft gemacht werden, die Frist zur Erhebung der Klage verlängern kann und daß an die Stelle der Ausführung des Vertheilungsplans die Bestätigung der Dispache tritt.

Ist der Widerspruch durch rechtskräftiges Urtheil oder in anderer Weise erledigt, so wird die Dispache bestätigt, nachdem sie erforderlichen Falles von dem Amtsgericht nach Maßgabe der Erledigung der Einwendungen berichtigt ist.

§ 153. Gegen die Verfügung, durch welche ein nach §. 149 gestellter Antrag auf gerichtliche Verhandlung zurückgewiesen oder über die Bestätigung der Dispache entschieden wird, findet die sofortige Beschwerde statt.

Einwendungen gegen die Dispache, welche mittelst Widerspruchs geltend zu machen sind, können nicht im Wege der Beschwerde geltend gemacht werden.

§ 154. Die Bestätigung der Dispache ist nur für das gegenseitige Verhältniß der an dem Verfahren Betheiligten wirksam.

Aus der rechtskräftig bestätigten Dispache findet die

Zwangsvollstreckung nach den Vorschriften der Civilprozeßordnung statt.

Für Klagen auf Ertheilung der Vollstreckungsklausel sowie für Klagen, durch welche Einwendungen gegen die in der Dispache festgestellten Ansprüche geltend gemacht werden oder die bei der Ertheilung der Vollstreckungsklausel als eingetreten angenommene Rechtsnachfolge bestritten wird, ist das Amtsgericht zuständig, welches die Dispache bestätigt hat. Gehört der Anspruch nicht vor die Amtsgerichte, so sind die Klagen bei dem zuständigen Landgerichte zu erheben.

Achter Abschnitt.

Vereinssachen und Güterrechtsregister.

§ 155. Auf die Eintragungen in das Vereinsregister finden die Vorschriften der §§. 123 bis 126, 138, 139, auf das Verfahren bei der Verhängung von Ordnungsstrafen gegen Mitglieder des Vorstandes oder Liquidatoren eines eingetragenen Vereins die Vorschriften der §§. 123, 129 bis 135 entsprechende Anwendung.

§ 156. Im Falle des §. 37 des Bürgerlichen Gesetzbuchs soll das Gericht vor der Verfügung, durch welche über das Verlangen, eine Mitgliederversammlung zu berufen, entschieden wird, soweit thunlich den Vorstand des Vereins hören. Gegen die Verfügung findet die sofortige Beschwerde statt.

§ 157. Auf die Eintragungen in das Güterrechtsregister finden die Vorschriften der §§. 123 bis 126, 138, 139 entsprechende Anwendung.

Von einer Eintragung sollen in allen Fällen beide Ehegatten benachrichtigt werden.

§ 158. Das Amtsgericht hat auf Verlangen eine Bescheinigung darüber zu ertheilen, daß bezüglich des Gegenstandes einer Eintragung weitere Eintragungen in das Vereins- oder Güterrechtsregister nicht vorhanden sind oder daß eine bestimmte Eintragung in das Register nicht erfolgt ist.

Neunter Abschnitt.

Offenbarungseid. Untersuchung und Verwahrung von Sachen. Pfandverkauf.

§ 159. Ist in den Fällen der §§. 259, 260, 2028, 2057 des Bürgerlichen Gesetzbuchs der Offenbarungseid nicht vor dem

Prozeßgerichte zu leisten, so finden die Vorschriften des §. 76 entsprechende Anwendung.

§ 160. In den Fällen, in denen nach den Vorschriften des bürgerlichen Rechtes Jemand den Zustand oder den Werth einer Sache durch Sachverständige feststellen lassen kann, ist für die Ernennung, Beeidigung und Vernehmung der Sachverständigen das Amtsgericht zuständig, in dessen Bezirke sich die Sache befindet. Durch eine ausdrückliche Vereinbarung der Betheiligten kann die Zuständigkeit eines anderen Amtsgerichts begründet werden.

Eine Anfechtung der Verfügung, durch welche dem Antrage stattgegeben wird, ist ausgeschlossen.

Bei dem Verfahren ist der Gegner soweit thunlich zu hören.

§ 161. In den Fällen der §§. 432, 1217, 1281, 2039 des Bürgerlichen Gesetzbuchs ist für die Bestellung des Verwahrers das Amtsgericht zuständig, in dessen Bezirke sich die Sache befindet.

Ueber eine von dem Verwahrer beanspruchte Vergütung entscheidet das Amtsgericht.

Vor der Bestellung des Verwahrers und vor der Entscheidung über die Vergütung sind die Betheiligten soweit thunlich zu hören.

§ 162. Im Falle des §. 1246 Abs. 2 des Bürgerlichen Gesetzbuchs ist für die Entscheiduug des Gerichts das Amtsgericht des Ortes zuständig, an welchem das Pfand aufbewahrt wird.

Vor der Entscheidung sind die Betheiligten soweit thunlich zu hören.

Zehnter Abschnitt.

Gerichtliche und notarielle Urkunden.

§ 163. Für die gerichtliche Beurkundung eines Rechtsgeschäfts sowie für die gerichtliche Beglaubigung eines Handzeichens sind die Amtsgerichte zuständig.

Für die öffentliche Beglaubigung einer Unterschrift sowie für die Aufnahme der nach dem § 1718 und dem §. 1720 Abs. 2 des Bürgerlichen Gesetzbuchs erforderlichen öffentlichen Urkunden sind außer den Notaren die Amtsgerichte zuständig.

§ 164. Für die gerichtliche und die notarielle Beurkundung eines Rechtsgeschäfts gelten, unbeschadet der Vorschriften des

Bürgerlichen Gesetzbuchs über die Errichtung von Testamenten und Erbverträgen, die §§. 165 bis 178. Als Betheiligter im Sinne der §§. 165 bis 178 ist derjenige anzusehen, dessen Erklärung beurkundet werden soll.

§ 165. Ist ein Betheiligter nach der Ueberzeugung des Richters oder des Notars taub, blind, stumm oder sonst am Sprechen verhindert, so muß der Richter einen Gerichtsschreiber oder zwei Zeugen, der Notar einen zweiten Notar oder zwei Zeugen zuziehen.

§ 166. Als Richter, Notar, Gerichtsschreiber oder Zeuge kann bei der Beurkundung nicht mitwirken:

1. wer selbst Betheiligter ist sowie derjenige, für welchen ein Betheiligter als Vertreter handelt;
2. wer Ehegatte eines Betheiligten ist, auch wenn die Ehe nicht mehr besteht;
3. wer mit einem Betheiligten in gerader Linie oder im zweiten Grade der Seitenlinie verwandt oder verschwägert ist;
4. wer zu demjenigen, für welchen ein Betheiligter als Vertreter handelt, in einem Verhältnisse der unter Nr. 2, 3 bezeichneten Art steht.

§ 167. Als Richter, Notar, Gerichtsschreiber oder Zeuge kann bei der Beurkundung nicht mitwirken:

1. derjenige, zu dessen Gunsten in der Urkunde eine Verfügung getroffen wird;
2. wer zu demjenigen, zu dessen Gunsten in der Urkunde eine Verfügung getroffen wird, in einem Verhältnisse der im §. 166 Nr. 2, 3 bezeichneten Art steht.

Die Mitwirkung einer hiernach ausgeschlossenen Person hat zur Folge, daß die Beurkundung insoweit nichtig ist, als sie eine Verfügung zu Gunsten einer der im Abs. 1 Nr. 1, 2 bezeichneten Personen zum Gegenstande hat.

§ 168. Als Gerichtsschreiber oder zweiter Notar oder Zeuge kann bei der Beurkundung nicht mitwirken, wer zu dem Richter oder dem beurkundenden Notar in einem Verhältnisse der im §. 166 Nr. 2, 3 bezeichneten Art steht.

§ 169. Als Zeuge soll bei der Beurkundung nicht mitwirken:

1. ein Minderjähriger;
2. wer der bürgerlichen Ehrenrechte für verlustig erklärt ist,

während der Zeit, für welche die Aberkennung der Ehrenrechte erfolgt ist;

3. wer nach den Vorschriften der Strafgesetze unfähig ist, als Zeuge eidlich vernommen zu werden;
4. wer als Gesinde oder Gehilfe im Dienste des Richters oder des beurkundenden Notars steht.

§ 170. Die bei der Beurkundung mitwirkenden Personen müssen bei der Vorlesung, Genehmigung und Unterzeichnung der Urkunde zugegen sein.

§ 171. Ueber die Verhandlung muß ein Protokoll in deutscher Sprache aufgenommen werden.

§ 172. Das Protokoll muß enthalten:

1. Ort und Tag der Verhandlung;
2. die Bezeichnung der Betheiligten und der bei der Verhandlung mitwirkenden Personen;
3. die Erklärung der Betheiligten.

Das Protokoll soll eine Angabe darüber enthalten, ob der Richter oder der Notar die Betheiligten kennt oder, sofern dies nicht der Fall ist, in welcher Weise er sich Gewißheit über ihre Persönlichkeit verschafft hat.

§ 173. Das Protokoll muß vorgelesen, von den Betheiligten genehmigt und von ihnen eigenhändig unterschrieben werden. Im Protokoll muß festgestellt werden, daß dies geschehen ist. Das Protokoll soll den Betheiligten auf Verlangen auch zur Durchsicht vorgelegt werden.

Erklärt ein Betheiligter, daß er nicht schreiben könne, so muß diese Erklärung im Protokoll festgestellt werden. Bei der Vorlesung und der Genehmigung muß der Richter oder der Notar einen Zeugen zuziehen. In den Fällen des §. 165 bedarf es dieser Zuziehung nicht; das Gleiche gilt, wenn in anderen Fällen ein Gerichtsschreiber oder ein zweiter Notar zugezogen wird.

Das Protokoll muß von den mitwirkenden Personen unterschrieben werden.

§ 174. Ist nach der Ueberzeugung des Richters oder des Notars ein Betheiligter stumm oder sonst am Sprechen verhindert und eine schriftliche Verständigung mit ihm nicht möglich, so muß bei der Beurkundung ein vereideter Dolmetscher zugezogen werden.

Im Protokoll muß festgestellt werden, daß der Richter oder der Notar die Ueberzeugung gewonnen hat, daß der Betheiligte am Sprechen verhindert und eine schriftliche Verständigung mit ihm nicht möglich ist. Das Protokoll muß von dem Dolmetscher genehmigt und unterschrieben werden.

Der Zuziehung eines Zeugen, eines Gerichtsschreibers oder eines zweiten Notars bedarf es in diesem Falle nicht.

§ 175. Ist ein Betheiligter nach der Ueberzeugung des Richters oder des Notars der deutschen Sprache nicht mächtig, so muß bei der Beurkundung ein vereideter Dolmetscher zugezogen werden. Der Zuziehung des Dolmetschers bedarf es nicht, wenn der Richter oder der Notar der Sprache, in der sich der Betheiligte erklärt, mächtig ist; die Beeidigung des Dolmetschers ist nicht erforderlich, wenn der Betheiligte darauf verzichtet.

Das Protokoll muß dem der deutschen Sprache nicht mächtigen Betheiligten durch den Dolmetscher oder, wenn ein Dolmetscher nicht zugezogen worden ist, durch den Richter oder den Notar in der fremden Sprache vorgetragen werden und die Feststellung enthalten, daß dies geschehen ist.

Im Protokoll muß festgestellt werden, daß der Richter oder der Notar die Ueberzeugung gewonnen hat, daß der Betheiligte der deutschen Sprache nicht mächtig ist.

Der Dolmetscher muß das Protokoll unterschreiben.

§ 176. Auf den Dolmetscher finden die nach den §§. 166 bis 169 für einen Zeugen geltenden Vorschriften entsprechende Anwendung.

§ 177. Bei der gerichtlichen oder notariellen Beurkundung von Versteigerungen gelten Bieter nicht als Betheiligte; ausgenommen sind solche Bieter, die an ihr Gebot gebunden bleiben.

§ 178. Die Ausfertigung der Protokolle über die gerichtliche Beurkundung eines Rechtsgeschäfts ist von dem Gerichtsschreiber zu unterschreiben und mit dem Gerichtssiegel zu versehen.

§ 179. Die gerichtliche oder notarielle Beglaubigung einer Unterschrift darf nur erfolgen, wenn die Unterschrift in Gegenwart des Richters oder des Notars vollzogen oder anerkannt wird.

Die Beglaubigung geschieht durch einen unter die Unterschrift zu setzenden Vermerk. Der Vermerk muß die Bezeichnung desjenigen, welcher die Unterschrift vollzogen oder anerkannt hat, und die Angabe enthalten, daß die Vollziehung oder die Anerkennung in Gegenwart des Richters oder des Notars erfolgt sei. Der Vermerk muß außerdem den Ort und den Tag der Ausstellung angeben sowie mit Unterschrift und Siegel oder Stempel versehen sein.

Diese Vorschriften finden auf die gerichtliche oder notarielle Beglaubigung eines Handzeichens entsprechende Anwendung.

§ 180. Für die nach § 163 den Amtsgerichten obliegenden Verrichtungen sind in Ansehung solcher Personen, die zur Besatzung eines in Dienst gestellten Schiffes der Kaiserlichen Marine gehören oder die in anderer Eigenschaft an Bord eines solchen Schiffes sind, auch die Geschwaderauditeure zuständig, solange das Schiff sich außerhalb eines inländischen Hafens befindet. Den Schiffen stehen die sonstigen Fahrzeuge der Kaiserlichen Marine gleich.

Die Ausfertigung der Protokolle über die Beurkundung eines Rechtsgeschäfts ist von dem Auditeur zu unterschreiben und mit dem Gerichtssiegel zu versehen.

Die Vorschriften des Artikels 44 des Einführungsgesetzes zum Bürgerlichen Gesetzbuch bleiben unberührt.

Elfter Abschnitt.

Schlußbestimmungen.

§ 181. Dieses Gesetz tritt gleichzeitig mit dem Bürgerlichen Gesetzbuch in Kraft.

Die Artikel 2 bis 5, 32 des Einführungsgesetzes zum Bürgerlichen Gesetzbuche finden entsprechende Anwendung.

§ 182. Die Vorschriften der §§. 11, 66 des Gesetzes über die Beurkundung des Personenstandes und die Eheschließung vom 6. Februar 1875 (Reichs-Gesetzbl. S. 23) werden insoweit aufgehoben, als sie der Landesgesetzgebung die Befugniß gewähren, das gerichtliche Verfahren abweichend zu regeln.

§ 183. Der §. 150 des Gesetzes, betreffend die Erwerbs- und Wirthschaftsgenossenschaften, vom 1. Mai 1889 (Reichs-Gesetzbl. S. 55) wird aufgehoben.

§ 184. Der §. 11 Abs. 2 des Gesetzes, betreffend das Reichsschuldbuch, vom 31. Mai 1891 (Reichs-Gesetzbl. S. 321) wird dahin geändert:

> Zur Ausstellung dieser Bescheinigungen ist das Nachlaßgericht und, falls der Erblasser zur Zeit des Erbfalls

im Inlande weder Wohnsitz noch Aufenthalt hatte, auch derjenige Konsul des Reichs zuständig, in dessen Amtsbezirke der Erblasser zur Zeit des Erbfalls seinen Wohnsitz oder seinen gewöhnlichen Aufenthalt hatte, sofern dem Konsul von dem Reichskanzler die Ermächtigung zur Ausstellung solcher Bescheinungen ertheilt ist.

§ 185. Soweit im Einführungsgesetze zum Bürgerlichen Gesetzbuche zu Gunsten der Landesgesetze Vorbehalte gemacht sind, gelten sie auch für die Vorschriften der Landesgesetze über diejenigen Angelegenheiten der freiwilligen Gerichtsbarkeit, welche Gegenstand dieses Gesetzes sind; den Landesgesetzen stehen nach Maßgabe der Artikel 57, 58 des Einführungsgesetzes zum Bürgerlichen Gesetzbuche die Hausverfassungen gleich.

§ 186. Unberührt bleiben die landesgesetzlichen Vorschriften, welche für den Fall, daß nach Artikel 147 des Einführungsgesetzes zum Bürgerlichen Gesetzbuche die dem Vormundschaftsgericht obliegenden Verrichtungen durch Landesgesetz anderen Behörden als den Amtsgerichten übertragen sind, über den Vorsitz im Familienrathe Bestimmung treffen.

§ 187. Unberührt bleiben die landesgesetzlichen Vorschriften, nach welchen für die Aufnahme der nach dem §. 1718 und dem §. 1720 Abs. 2 des Bürgerlichen Gesetzbuchs erforderlichen öffentlichen Urkunden sowie für die öffentliche Beglaubigung einer Unterschrift außer den Amtsgerichten und Notaren auch andere Behörden oder Beamte zuständig sind.

Durch Landesgesetz kann die Zuständigkeit der Amtsgerichte für die öffentliche Beglaubigung einer Unterschrift oder eines Handzeichens ausgeschlossen werden.

§ 188. Unberührt bleiben die landesgesetzlichen Vorschriften, nach welchen, wenn die Auseinandersetzung in Ansehung eines Nachlasses nicht binnen einer bestimmten Frist bewirkt ist, das Nachlaßgericht die Auseinandersetzung von Amtswegen zu vermitteln hat, auf die Auseinandersetzung finden die Vorschriften der §§. 84 bis 94 Anwendung.

§ 189. Unberührt bleiben die landesgesetzlichen Vorschriften, nach welchen für die gemäß §. 95 den Amtsgerichten obliegenden Verrichtungen andere als gerichtliche Behörden zuständig sind, sowie die landesgesetzlichen Vorschriften, nach welchen in den Fällen der §§. 82, 95 an Stelle der Gerichte oder neben diesen die Notare die Auseinandersetzung zu vermitteln haben.

§ 190. Sind für die im §. 1 bezeichneten Angelegenheiten nach Landesgesetz andere als gerichtliche Behörden zuständig, so gelten die in dem ersten Abschnitte für die Gerichte gegebenen Vorschriften auch für die anderen Behörden.

Als gemeinschaftliches oberes Gericht im Sinne der §§. 5, 43 gilt dasjenige Gericht, welches das gemeinschaftliche obere Gericht für die Amtsgerichte ist, in deren Bezirke die Behörden ihren Sitz haben. Durch Landesgesetz kann jedoch bestimmt werden, daß, wenn die Behörden in dem Bezirke desselben Amtsgerichts ihren Sitz haben, dieses als gemeinschaftliches oberes Gericht zuständig ist.

Die Vorschriften des §. 8 über die Sitzungspolizei und über die Berathung und Abstimmung sowie die Vorschriften der §§. 6, 10, 11, des §. 15 Abs. 2 und des § 30 finden keine Anwendung.

Durch die Vorschrift des Abs. 1 wird die Verpflichtung der gerichtlichen Behörden, gemäß §. 2 Rechtshülfe zu leisten, nicht berührt.

§ 191. Durch die Gesetzgebung eines Bundesstaats, in welchem für die dem Vormundschaftsgericht oder dem Nachlaßgericht obliegenden Verrichtungen andere Behörden als die Amtsgerichte zuständig sind, kann bestimmt werden, daß die Abänderung einer Entscheidung einer solchen Behörde bei dem Amtsgerichte nachzusuchen ist, in dessen Bezirke die Behörde ihren Sitz hat. In diesem Falle finden auf das Verfahren die Vorschriften der §§. 19 bis 24 entsprechende Anwendung.

Die Beschwerde findet gegen die Entscheidung des Amtsgerichts statt.

§ 192. Ist für die Volljährigkeitserklärung nach Landesgesetz die Centralstelle eines Bundesstaats zuständig, so finden die in dem ersten Abschnitte für die Gerichte gegebenen Vorschriften keine Anwendung.

Die Verfügung, durch welche der Minderjährige für volljährig erklärt wird, tritt mit der Bekanntmachung an den Minderjährigen in Wirksamkeit.

§ 193. Durch die Landesjustizverwaltung kann angeordnet werden, daß die im §. 14 des Gesetzes über die Beurkundung des Personenstandes und die Eheschließung vom 6. Februar 1875 vorgesehene Aufbewahrung des Nebenregisters bei den Landgerichten erfolgen soll.

§ 194. Unberührt bleiben die landesgesetzlichen Vorschriften, nach welchen bei der Beurkundung einer Erklärung in den Fällen des §. 165 der Richter an Stelle des Gerichtsschreibers oder der zwei Zeugen eine besonders dazu bestellte Urkundsperson zuziehen kann.

Auf die Urkundsperson finden die Vorschriften der §§. 166 bis 168 Anwendung.

§ 195. Durch die Gesetzgebung eines Bundesstaats, in welchem mehrere Oberlandesgerichte errichtet sind, kann die Entscheidung über das Rechtsmittel der weiteren Beschwerde einem der mehreren Oberlandesgerichte oder an Stelle eines solchen Oberlandesgerichts dem obersten Landesgerichte zugewiesen werden.

Das Gericht, dem nach Abs. 1 die Entscheidung zugewiesen wird, tritt zugleich für die Beschwerde gegen eine Verfügung des Landgerichts an die Stelle des nach §. 61 und §. 139 Abs. 2 zuständigen Oberlandesgerichts. Auch gilt es im Sinne der §§. 5, 43 als gemeinschaftliches oberes Gericht für alle Gerichte des Bundesstaats.

§ 196. Durch Landesgesetz können Vorschriften zur Ergänzung und Ausführung dieses Gesetzes, mit Einschluß der erforderlichen Uebergangsvorschriften, auch insoweit erlassen werden, als dieses Gesetz Vorbehalte für die Landesgesetzgebung nicht enthält.

Soweit durch Landesgesetz allgemeine Vorschriften über die Errichtung gerichtlicher oder notarieller Urkunden erlassen werden, ist ein Verstoß gegen eine solche Vorschrift, unbeschadet der Vorschriften über die Folgen des Mangels der sachlichen Zuständigkeit, ohne Einfluß auf die Gültigkeit der Beurkundung.

Entwurf eines Gesetzes

über die

Angelegenheiten der freiwilligen Gerichtsbarkeit.

Reichstagsvorlage.

Berlin SW.48
Wilhelmstr. 119/120.
J. Guttentag, Verlagsbuchhandlung.
1897.

Denkschrift

zu dem

Entwurf eines Gesetzes

über die

Angelegenheiten der freiwilligen Gerichtsbarkeit.

Reichstagsvorlage.

Berlin SW.[48]
Wilhelmstr 119/120.
J. Guttentag, Verlagsbuchhandlung.
1897.

Inhaltsverzeichnis der Denkschrift.

Einleitung.

Für das Verfahren in Angelegenheiten der freiwilligen Gerichtsbarkeit sind zur Zeit im Wesentlichen die Landesgesetze maßgebend. Der Art. 1 des Einführungsgesetzes zum Bürgerlichen Gesetzbuche hat nunmehr eine reichsgesetzliche Regelung vorgesehen. Dabei ist er zunächst davon ausgegangen, daß die Regelung insoweit zu erfolgen habe, als es zur gleichmäßigen Durchführung der Vorschriften des Bürgerlichen Gesetzbuchs erforderlich sei.*) Dasselbe Bedürfnis macht sich zufolge der inzwischen bewirkten Revision des Handelsgesetzbuchs auf dem Gebiete des Handelsrechts geltend.**) Nicht minder empfiehlt es sich aber, bei diesem Anlasse das Verfahren auch für diejenigen Angelegenheiten der freiwilligen Gerichtsbarkeit zu ordnen, welche durch andere Reichsgesetze den Gerichten übertragen und gegenwärtig nach den vielfach von einander abweichenden landesgesetzlichen Vorschriften zu erledigen sind. Eine einheitliche Regelung in dem bezeichneten Sinne ist schon insofern geboten, als dadurch der Bevölkerung und den Behörden die Unzuträglichkeiten erspart werden, welche mit einer Verschiedenheit des Verfahrens auf den in Frage stehenden Gebieten verbunden sind.

Der demgemäß aufgestellte Entwurf eines Gesetzes über die Angelegenheiten der freiwilligen Gerichtsbarkeit zerfällt in elf Abschnitte. Der erste Abschnitt (Allgemeine Vorschriften) enthält die Bestimmungen, welche für die durch Reichsgesetz den Gerichten übertragenen Angelegenheiten der nicht streitigen

*) Zu vergl. die Einleitung der Denkschrift zum Entwurfe des Bürgerlichen Gesetzbuchs, Verhandlungen des Reichstags 1895/97 Anl. Bd. 1 S. 605.

**) Zu vergl. die Einleitung der Denkschrift zum Entwurfe des Handelsgesetzbuchs, Verhandlungen des Reichstags 1895/97 Anl. Bd. 6 S. 3142.

Rechtspflege gemeinsam gelten; sie beziehen sich namentlich auf die Rechtshülfe (§. 2), die Zuständigkeit (§§. 3 bis 5, 7), die Gerichtssprache, die Sitzungspolizei und die Abstimmung und Berathung (§§. 8, 9), auf die Gerichtsferien (§. 10), das Beweisaufnahmeverfahren (§. 14), die Bekanntmachung der Verfügungen (§ 15), die Befugniß zur Aenderung einer bereits bekanntgemachten Verfügung und auf das Rechtsmittel der Beschwerde (§§. 17 bis 29, 31). Im zweiten Abschnitte sind die Vormundschaftssachen geregelt (§§. 32 bis 61). Es folgen im dritten Abschnitte Vorschriften über die Annahme an Kindesstatt (§§. 62 bis 65) und im vierten Abschnitte Vorschriften über den Personenstand (§§. 66 bis 68). Der fünfte Abschnitt enthält Bestimmungen über Nachlaß- und Theilungssachen (§§. 69 bis 95). Der sechste Abschnitt (Schiffspfandrecht) ordnet das Verfahren bei der Eintragung von Pfandrechten in das Schiffsregister (§§. 96 bis 120). Der siebente Abschnitt betrifft die Handelssachen und giebt insbesondere Vorschriften über die Führung des Handelsregisters und das Verfahren bei Aufmachung einer Dispache (§§. 121 bis 154). Hieran schließen sich im achten Abschnitte Vorschriften über das Vereinsregister und einige andere Fragen des Vereinsrechts sowie über das Güterrechtsregister (§§. 155 bis 158). Im neunten Abschnitte sind Vorschriften über den Offenbarungseid, die Untersuchung und Verwahrung von Sachen und den Pfandverkauf zusammengefaßt (§§. 159 bis 162). Der zehnte Abschnitt handelt von der Zuständigkeit zur Aufnahme gerichtlicher und notarieller Urkunden sowie von der Form, in welcher solche Urkunden aufzunehmen sind (§§. 163 bis 180). Der elfte und letzte Abschnitt (§§. 181 bis 196) enthält Schlußbestimmungen und stellt namentlich das Verhältniß des Entwurfs zu den Landesgesetzen fest.

Erster Abschnitt.

Allgemeine Vorschriften.

Tragweite der allgemeinen Vorschriften. (§. 1.)

Der §. 1 bringt den Grundsatz zum Ausdruck, daß die im ersten Abschnitte zusammengefaßten Bestimmungen in allen Angelegenheiten der freiwilligen Gerichtsbarkeit Anwendung finden, welche durch Reichsgesetz den Gerichten übertragen sind. Es gehören dahin auch solche Angelegenheiten, die von dem

Entwurf in den folgenden Abschnitten nicht berührt werden, insbesondere die Führung des Musterregisters (Gesetz, betreffend das Urheberrecht an Mustern und Modellen, vom 11. Januar 1876 §. 9, Reichs-Gesetzbl. S. 11) und des Börsenregisters (Börsengesetz vom 22. Juni 1896 §. 54, Reichs-Gesetzbl. S. 157) sowie diejenigen Angelegenheiten der freiwilligen Gerichtsbarkeit, welche durch künftige Reichsgesetze den Gerichten übertragen werden. Uebrigens ist dem §. 1 ein Vorbehalt beigefügt, der darauf hinweist, daß die allgemeinen Bestimmungen des ersten Abschnitts insoweit keine Anwendung finden, als für bestimmte Angelegenheiten einzelne Abweichungen vorgesehen sind; selbstverständlich kann die Landesgesetzgebung abweichende Bestimmungen nur insoweit treffen, als dies reichsgesetzlich für zulässig erklärt ist.

Rechtshülfe. (§. 2.)

Die Vorschrift des §. 2, wonach sich die Gerichte in Gemäßheit der §§. 158 bis 169 des Gerichtsverfassungsgesetzes Rechtshülfe zu leisten haben, schließt sich dem geltenden Rechte an, sofern schon die Mehrzahl der Ausführungsgesetze zu den Reichsprozeßgesetzen die fraglichen Bestimmungen des Gerichtsverfassungsgesetzes auf das Gebiet der freiwilligen Gerichtsbarkeit ausgedehnt hat. Durch den Entwurf wird aber die Anwendung dieser Bestimmungen vor allem auch für das Verhältniß zwischen den Gerichten verschiedener Bundesstaaten gesichert.

Zuständigkeit. (§§. 3 bis 5.)

Die Vorschriften der §§. 3 bis 5 über die Zuständigkeit sind in der Hauptsache der Civilprozeßordnung nachgebildet.

Zufolge §. 16 der Civilprozeßordnung behalten Deutsche, die das Recht der Exterritorialität genießen, sowie Beamte des Reichs oder eines Bundesstaates, die im Auslande angestellt sind, in Ansehung des Gerichtsstandes den Wohnsitz, den sie in dem Heimathsstaate hatten. Der §. 3 des Entwurfs überträgt diesen Grundsatz auf die Fälle, in denen sich für Angelegenheiten der freiwilligen Gerichtsbarkeit die Zuständigkeit nach dem Wohnsitz eines Betheiligten bestimmt (zu vergl. §§. 33ff., 63, 70).

Der §. 4 des Entwurfs enthält die aus der Natur der Sache sich ergebende Vorschrift, daß unter mehreren zuständigen Gerichten demjenigen der Vorzug gebührt, welches zuerst in der Sache thätig geworden ist (zu vergl. §. 12 der Strafprozeßordnung). Die Zuständigkeit mehrerer Gerichte kann unter Anderem in der Weise begründet sein, daß der Minderjährige, für den eine Vormundschaft einzuleiten ist, einen doppelten Wohnsitz hat (§. 33).

Besteht Streit oder Ungewißheit darüber, welches von mehreren Gerichten örtlich zuständig ist, so soll nach §. 5 des Entwurfs das gemeinschaftliche obere Gericht über die Zuständigkeit endgültig entscheiden. Ferner soll, wenn das an sich zuständige Gericht in einem einzelnen Falle an der Ausübung des Richteramts rechtlich oder thatsächlich verhindert ist, von dem ihm im Instanzenzuge vorgesetzten Gerichte das zuständige Gericht bestimmt werden. Diese Regelung entspricht dem Grundsatze des §. 36 der Civilprozeßordnung, der schon jetzt in einzelnen Bundesstaaten auch auf dem Gebiete der freiwilligen Gerichtsbarkeit gilt (vergl. bayrisches Ausführungsgesetz zum Gerichtsverfassungsgesetz Art. 10, 21 Abs. 2). In Preußen hat allerdings unter den bezeichneten Voraussetzungen das Oberlandesgericht und, wenn Streit oder Ungewißheit über die Zuständigkeit obwaltet und die in Betracht kommenden Gerichte den Bezirken verschiedener Oberlandesgerichte angehören, der Justizminister zu entscheiden (Ausführungsgesetz zum Gerichtsverfassungsgesetz §. 20, Vormundschaftsordnung §. 9). Indessen liegt kein Grund vor, hier von den Bestimmungen der Civilprozeßordnung abzuweichen. Aus der Regelung, wie sie der Entwurf vorsieht, ergiebt sich zugleich, daß das Reichsgericht, entsprechend der Stellung, die ihm der §. 27 Abs. 2, 3 zu weist Streitigkeiten der fraglichen Art dann zu erledigen hat, wenn, ein oberes Gericht, das für die streitenden Gerichte gemeinschaftlich wäre, sonst nicht vorhanden ist.

Ablehnung und Ausschließung des Richters. (§. 6.)

In Betreff der Ablehnung und Ausschließung des Richters enthalten für das Gebiet der freiwilligen Gerichtsbarkeit die meisten Landesgesetze keine ausdrücklichen Bestimmungen. In Baden (Rechtspolizeigesetz vom 6. Februar 1879 §. 4) und in Hessen (Gesetz, das Verfahren in Sachen der nichtstreitigen Gerichtsbarkeit betreffend, vom 5. Juni 1879 Art. 9) sind die Vorschriften der Civilprozeßordnung über die Ausschließung und Ablehnung der Gerichtspersonen für entsprechend anwendbar erklärt und in Braunschweig (Ausführungsgesetz zum Gerichtsverfassungsgesetze vom 1. April 1879 §. 35) ist die Ausschließung des Richters übereinstimmend mit jenen Vorschriften geregelt. Vom Standpunkte des Entwurfs, der die mit den Angelegenheiten der freiwilligen Gerichtsbarkeit betrauten Behörden der Hauptsache nach reichsgesetzlich bestimmt, empfiehlt es sich, auch in der hier fraglichen Richtung einheitliches Recht zu schaffen. Der Entwurf geht davon aus, daß für das Gebiet der freiwilligen Gerichtsbarkeit kein Bedürfniß besteht, die Ablehnung eines Richters zuzulassen, und daß auch die Gründe, aus welchen der Richter kraft des Gesetzes von der Ausübung des Richteramts ausgeschlossen ist, thunlichst zu beschränken sind. Um den Unzuträglichkeiten vorzubeugen, die gerade auf diesem Gebiete mit der Richtigkeit gerichtlicher Verfügungen regelmäßig verbunden sind, erscheint es außerdem angemessen, wenn der Richter hier nur im Wege einer Ordnungsvorschrift angewiesen wird, sich in gesetzlich bestimmten Sachen der Ausübung seines Amtes zu enthalten. Dabei ist es dem Betheiligten, der sich durch die Verfügung des Richters verletzt glaubt, selbstverständlich unbenommen, im Wege der Beschwerde die Entscheidung der höheren Instanz anzurufen.

Der Entwurf bestimmt daher im §. 6, daß eine Ablehnung des Richters nicht stattfindet, der Richter sich aber der Ausübung seines Amtes enthalten soll in Sachen, in denen er selbst betheiligt ist oder in denen er zu einem Betheiligten in dem Verhältniß eines Mitberechtigten oder Mitverpflichteten steht, ferner in Sachen seiner Ehefrau sowie seiner Verwandten oder Verschwägerten in gerader Linie oder bis zum zweiten Grade der Seitenlinie endlich auch in Sachen, in denen er als Vertreter eines Betheiligten bestellt oder als gesetzlicher Vertreter eines solchen aufzutreten berechtigt ist. Wenn der §. 6, abweichend von dem §. 41 Nr. 3 der Civilprozeßordnung den Fall, daß der Richter mit einem Betheiligten im dritten Grade der Seitenlinie, verwandt ist, nicht berücksichtigt, sondern nur die Seitenverwandtschaft zweiten Grades für erheblich erklärt, so schließt er sich in dieser Beziehung den Vorschriften an, die im Bürgerlichen Gesetzbuch über die Unfähigkeit des Richters zur Aufnahme von Testamenten und Erbverträgen getroffen sind (§§. 2234, 2235, 2276) und die nach den §§. 166, 167 des Entwurfs auch für die gerichtliche Beurkundung sonstiger Rechtsgeschäfte gelten sollen (zu vergl. unten S. 93).

Verfügungen eines örtlich unzuständigen Richters. (§. 7.)

Die Vorschrift des §. 7, wonach gerichtliche Verfügungen nicht deshalb unwirksam sind, weil ein örtlich unzuständiges Gericht sie erlassen hat, beruht auf derselben Erwägung, welche dazu geführt hat, auch den Bestimmungen des §. 6

Abs. 2 nur die Bedeutung von Ordnungsvorschriften beizulegen.

Gerichtssprache, Sitzungspolizei, Berathung und Abstimmung. (§§. 8, 9.)

In der Mehrzahl der Bundesstaaten gelten schon gegenwärtig auf dem Gebiete der freiwilligen Gerichtsbarkeit hinsichtlich der Sitzungspolizei sowie hinsichtlich der Berathung und Abstimmung die Grundsätze, die nach den §§. 177 ff., 194 ff. des Gerichtsverfassungsgesetzes für den Straf- und Civilprozeß maßgebend sind. Ebenso sind die Vorschriften des Gerichtsverfassungsgesetzes über die Gerichtssprache durch einzelne Landesausführungsgesetze auf die nichtstreitige Rechtspflege ausgedehnt worden. Der §. 8 des Entwurfs schließt sich diesen Vorgängen an; jedoch sind hinsichtlich der Gerichtssprache im §. 9 einzelne vom Gerichtsverfassungsgesetz abweichende Bestimmungen getroffen. Nach §. 187, Abs. 2 des Gerichtsverfassungsgesetzes kann, falls unter Betheiligung von Personen verhandelt wird, welche des Deutschen nicht mächtig sind, die Zuziehung eines Dolmetschers nur dann unterbleiben, wenn die betheiligten Personen sämmtlich die fremde Sprache beherrschen. Bei den Verhandlungen der freiwilligen Gerichtsbarkeit wird dagegen im Anschluß an das geltende preußische Recht von der Zuziehung eines Dolmetschers schon dann abgesehen werden können, wenn der Richter der fremden Sprache mächtig ist (preußisches Gesetz, betreffend die Geschäftssprache der Behörden 2c., vom 28. August 1876 §. 6 Abs. 3); die praktische Handhabung der Geschäfte wird hierdurch wesentlich erleichtert. Die gleiche Rücksicht rechtfertigt es, im Anschluß an den §. 6 Abs. 1 des erwähnten preußischen Gesetzes und den §. 45 Abs. 1 des badischen Rechtspolizeigesetzes vom 6. Februar 1879 den Verzicht auf die Beeidigung des Dolmetschers für zulässig zu erklären. Eine besondere Bestimmung trifft der Entwurf ferner in Bezug auf die Frage der Ablehnung und Ausschließung des Dolmetschers; während das Gerichtsverfassungsgesetz auf die nach der Civil- oder Strafprozeßordnung für die Sachverständigen maßgebenden Vorschriften verweist, die sich ihrerseits wieder an die im Civil- oder Strafprozesse für die Richter geltenden Vorschriften anschließen, erklärt der Entwurf einfach die Bestimmungen für anwendbar, die von ihm im §. 6 für die Richter getroffen sind.

Gerichtsferien. (§. 10.)

Die meisten Landesausführungsgesetze zum Gerichtsverfassungsgesetz enthalten die Bestimmung, daß die Gerichtsferien auf die Angelegenheiten der nichtstreitigen Rechtspflege ohne Einfluß sind; einzelne von ihnen, wie das preußische und das hessische Gesetz, fügen aber hinzu, daß von der Erledigung der Vormundschafts- und Nachlaßsachen während der Ferien abgesehen werden kann, wenn das Bedürfniß einer Beschleunigung nicht vorhanden ist. Diesen letzteren Gesetzen ist der §. 10 des Entwurfs nachgebildet. Unter Umständen wird die Bearbeitung einzelner Vormundschafts- oder Nachlaßsachen, z. B. die Prüfung von Vormundschaftsrechnungen, ohne Schädigung der Betheiligten während der Ferien unterbleiben können; es erscheint unbedenklich, die Entscheidung darüber, ob dies der Fall ist, dem pflichtmäßigen Ermessen der Richter zu überlassen.

Abgabe von Erklärungen zum Protokoll eines Gerichtsschreibers. (§. 11.)

Um den Betheiligten den Verkehr mit dem Gerichte zu erleichtern, bestimmt der §. 11 des Entwurfs, daß Anträge und Erklärungen zum Protokolle des Gerichtsschreibers des zuständigen Gerichts wie auch zum Protokolle des Gerichtsschreibers jedes Amtsgerichts erfolgen können. Dadurch, daß den Gerichtsschreibern der Amtsgerichte hiernach allgemein die Verpflichtung obliegt, Anträge und Erklärungen in Sachen der freiwilligen Gerichtsbarkeit aufzunehmen, werden die Vorschriften über die Zuständigkeit der Gerichte selbst nicht berührt. Ist daher eine Erklärung, welche innerhalb einer bestimmten Frist bei dem Gericht abgegeben werden mußte, von dem Gerichtsschreiber eines anderen als des zuständigen Gerichts zu Protokoll genommen, so gilt sie nur dann als rechtzeitig erfolgt, wenn das Protokoll innerhalb der Frist, dem zuständigen Gerichte vorgelegt ist. Dem Gerichtsschreiber, der das Protokoll aufgenommen hat, liegt es ob, dieses der zuständigen Stelle zu übersenden. Soweit es sich darum handelt, ein Rechtsgeschäft gerichtlich zu beurkunden (§§. 163 ff. des Entwurfs), ist selbstverständlich die Erklärung zu Protokoll des Gerichtsschreibers nicht ausreichend, vielmehr kann eine solche Beurkundung, wie sich auch aus dem Wortlaute der Vorschriften des zehnten Abschnittes ergiebt, nur durch den Richter erfolgen.

Daß es zulässig ist, Anträge und Erklärungen schriftlich bei dem Gericht einzureichen, bedarf keiner besonderen Hervorhebung.

Vornahme der erforderlichen Ermittelungen von Amtswegen. (§. 12.)

Der Entwurf geht davon aus, daß der Richter auf dem Gebiete der freiwilligen Gerichtsbarkeit seine Anordnungen von Amtswegen zu treffen hat, soweit nicht für einzelne Angelegenheiten, wie z. B. für die Eintragung von Schiffspfandrechten (§. 96) und die Eintragungen in das Handelsregister (Handelsgesetzbuch §. 12), etwas Anderes bestimmt ist. Eines besonderen Ausdrucks bedarf indessen dieser Grundsatz nicht, da er sich aus dem Wesen der freiwilligen Gerichtsbarkeit von selbst ergiebt. Dagegen empfiehlt es sich, im Anschluß an den §. 8 des badischen Rechtspolizeigesetzes und den §. 2358 Abs. 1 des Bürgerlichen Gesetzbuchs im Gesetze den Grundsatz hervorzuheben, daß der Richter, ohne Unterschied, ob das Verfahren von Amtswegen oder auf Antrag eingeleitet worden ist, die weiteren zur Feststellung der Thatsachen erforderlichen Ermittelungen und die Erhebung der geeigneten Beweise von Amtswegen zu veranlassen hat (§. 12). Inwieweit den Betheiligten vor der Entscheidung Gelegenheit zur Aeußerung zu geben ist, muß der Beurtheilung des Richters im einzelnen Falle überlassen bleiben. Eine bestimmte Regel läßt sich hierfür schon wegen der Verschiedenartigkeit der in Betracht kommenden Angelegenheiten nicht aufstellen, und der Entwurf beschränkt sich deshalb darauf, für einzelne wichtigere Fälle dem Richter ausdrücklich die Pflicht aufzuerlegen, die Betheiligten vor seiner Entscheidung soweit thunlich zu hören (zu vergl. §§. 51, 142, 156, 160 bis 162).

Bevollmächtigte. (§. 13.)

Nach §. 13 Satz 1 des Entwurfs können sich die Betheiligten durch Bevollmächtigte vertreten lassen, soweit nicht das Gericht das persönliche Erscheinen anordnet. Gerade auf dem Gebiete der freiwilligen Gerichtsbarkeit wird eine mündliche Erörterung mit den Parteien selbst nicht selten im gemeinsamen Interesse aller Betheiligten liegen; dem Gerichte muß daher die Möglichkeit gegeben werden, eine solche in den geeigneten Fällen herbeizuführen. Zwingende gesetzliche Vorschriften über die Form, in der sich ein Bevollmächtigter auszuweisen hat, sind nicht erforderlich, vielmehr genügt es, wenn dem Gerichte sowie den Betheiligten das Recht gegeben wird, zu verlangen, daß der Bevollmächtigte eine öffentlich beglaubigte Vollmachtsurkunde beibringt (§. 13 Satz 2).

Beweisaufnahme. (§. 14.)

Der §. 14 Abs. 1 des Entwurfs bestimmt, daß auf dem Gebiete der freiwilligen Gerichtsbarkeit die Vorschriften der Civilprozeßordnung über den Zeugenbeweis (§§. 338 ff.), über den Beweis durch Sachverständige (§§. 367 ff.) und über das Verfahren bei der Abnahme von Eiden (§§. 440 ff.) entsprechende Anwendung finden; doch soll eine Beeidigung der Zeugen und Sachverständigen nur erfolgen, wenn das Gericht sie für angemessen erachtet. Zeugen und Sachverständige sind danach regelmäßig zur Ablegung des Zeugnisses und zur Abgabe des Gutachtens verpflichtet. In einzelnen Bundesstaaten ist diese Verpflichtung schon jetzt gesetzlich anerkannt (badisches Gesetz, betreffend die Abänderung des Rechtspolizeigesetzes, vom 30. Juli 1888 Art. I, hessisches Gesetz, betreffend das Verfahren der nichtstreitigen Gerichtsbarkeit, vom 5. Juni 1879, Art. 9). Von Wichtigkeit ist sie vor allem für die Fälle, in denen aus Zweckmäßigkeitsgründen über streitige Rechtsverhältnisse im Wege des Verfahrens der freiwilligen Gerichtsbarkeit entschieden wird. Dahin gehören die gerichtlichen Verfügungen, welche in das Elternrecht oder in das Recht des Ehemanns eingreifen, insbesondere die Zustimmung zu Rechtsgeschäften ersetzen, sowie die Verfügungen, durch die bei einer in Liquidation befindlichen Handelsgesellschaft auf Antrag eines Betheiligten ein Liquidator abberufen oder ernannt wird. Indessen werden auch sonstige Angelegenheiten das Gericht nicht selten in die Lage bringen, von der fraglichen Befugniß Gebrauch zu machen, z. B. wenn es sich darum handelt, eine Pflegschaft über einen Gebrechlichen oder eine vorläufige Vormundschaft anzuordnen oder aufzuheben, desgleichen wenn bei Auseinandersetzungen (§§. 82 ff. des Entwurfs) eine Ermittelung des Werthes der Nachlaßgegenstände nothwendig wird. Auch die auf die Führung des Handelsregisters bezüglichen Geschäfte, namentlich das Ordnungsstrafverfahren, können zu einer Vernehmung von Zeugen oder Sachverständigen Anlaß geben.

Für eine Reihe von Fällen sieht der Entwurf ebenso wie die Civilprozeßordnung vor, daß eine Thatsache glaubhaft zu machen ist (zu vergl. §. 21 Abs. 2, §. 88, §. 89 Abs. 2, §. 133). Darüber, in welcher Weise eine solche Glaubhaftmachung zu erfolgen hat, bedarf es im Allgemeinen keiner Vorschriften; aus der Natur der Sache ergiebt sich in Ermangelung abweichender Bestimmungen, daß lediglich das Ermessen des Richters maßgebend ist. Gegenüber dem §. 266 Abs. 1 der Civilprozeßordnung, der als Mittel der Glaubhaftmachung die eidliche Versicherung der Partei besonders hervorhebt, empfiehlt es sich jedoch, klarzustellen, daß der Betheiligte auch zur eidesstattlichen Versicherung seiner Behauptung zugelassen werden kann.

Beginn der Wirksamkeit gerichtlicher Verfügungen. Form ihrer Bekanntmachung. (§. 15.)

Darüber, ob die Verfügungen in Angelegenheiten der freiwilligen Gerichtsbarkeit erst mit der Rechtskraft oder ob sie sofort in Wirksamkeit treten, enthalten die geltenden Gesetze zumeist keine ausdrückliche Bestimmung. Doch kommt in der vielfach sich findenden Vorschrift, daß die Beschwerde keine aufschiebende Wirkung hat, augenscheinlich der letztere Standpunkt zur Geltung. In der That wird dieser Standpunkt dem Wesen der nichtstreitigen Rechtspflege am meisten gerecht, deren Aufgabe der Hauptsache nach nicht auf die Entscheidung über das Bestehen von Rechten, sondern auf eine Thätigkeit gerichtet ist, durch welche Rechtsverhältnisse begründet, abgeändert oder aufgehoben werden sollen. Demgegenüber erscheint es nicht angängig, die Wirksamkeit der Verfügung bis zur Rechtskraft hinauszuschieben, was übrigens nur in der Weise geschehen könnte, daß die Einlegung der Beschwerde allgemein an eine Frist gebunden würde. Eine derartige Regelung hätte in zahlreichen Fällen die Wirkung, die Interessen der Betheiligten zu schädigen. Der §. 15 Abs. 1 stellt deshalb den Grundsatz auf, daß *gerichtliche Verfügungen mit der Bekanntmachung* an denjenigen, für welchen sie ihrem Inhalte nach bestimmt sind, *wirksam werden*. Hieraus folgt zugleich, daß eine Verfügung, die für mehrere Personen bestimmt ist, für jede einzelne mit dem Zeitpunkt in Kraft tritt, zu welchem sie ihr bekannt gemacht ist. Der bezeichnete Grundsatz läßt sich indessen nicht allgemein durchführen, vielmehr muß er unter besonderen Voraussetzungen Ausnahmen erleiden. Solche Ausnahmen finden sich in den §§. 25, 48 bis 50, 53, 64, 67, 93, 94.

Das preußische Ausführungsgesetz zur Civilprozeßordnung (§ 1) sowie die Gesetze mehrerer anderer Bundesstaaten gehen von dem Grundsatz aus, daß in den Angelegenheiten der freiwilligen Gerichtsbarkeit auf die *Bekanntmachung einer Verfügung*, falls sie beurkundet werden soll, im Allgemeinen die Vorschriften der Civilprozeßordnung über die *Zustellungen* Anwendung finden; einzelne Gesetze fügen einen Vorbehalt hinzu, wonach im Wege der Verordnung einfachere Zustellungsformen zugelassen werden können. In theilweisem Anschluß an das preußische Recht sieht der §. 15 Abs. 2 des Entwurfs vor, daß die Bekanntmachung einer gerichtlichen Verfügung, wenn mit ihr der Lauf einer Frist, z. B. der Frist zur Einlegung der sofortigen Beschwerde, beginnt, nach den für die Zustellung von Amtswegen geltenden Bestimmungen der Civilprozeßordnung zu erfolgen hat; einem anwesenden Betheiligten gegenüber soll es jedoch nach Abs. 3 genügen, wenn ihm die Verfügung zu Protokoll bekannt gemacht wird. In den Fällen, in denen es sich um die Wahrung einer Frist handelt, läßt sich, sofern nicht eine Eröffnung zu Protokoll erfolgt, eine förmliche Zustellung nicht entbehren, und es empfiehlt sich schon im Interesse der Uebersichtlichkeit des Rechtes, hier soweit thunlich die Vorschriften der Civilprozeßordnung zur Anwendung zu bringen. Da der Entwurf auf die Vorschriften der Civilprozeßordnung über die Zustellungen von Amtswegen verweist, so werden für die im §. 15 Abs. 2 vorgesehenen Zustellungen die erleichternden Bestimmungen Geltung erlangen, welche auf dem Gebiete des Civilprozesses für die Zustellung von Amtswegen in Aussicht genommen sind; die betreffenden Bestimmungen, welche im Wesentlichen dahin gehen, daß eine Mitwirkung des Gerichtsvollziehers nicht stattfindet und dem Zustellungsempfänger eine Abschrift der Zustellungsurkunde nicht übergeben wird, sind in der Anlage mitgetheilt. Eine besondere Vorschrift enthält der Entwurf nur für Zustellungen im Auslande, indem er in dieser Beziehung der Landesjustizverwaltung die Befugniß ertheilt, eine von den Bestimmungen der Civilprozeßordnung abweichende einfachere Art der Zustellung zuzulassen. Die Befugniß ist namentlich für den Grenzverkehr von Bedeutung und die Landesjustizverwaltung kann von ihr auch in der Weise Gebrauch machen, daß sie nur für bestimmte ausländische Gebiete erleichternde Anordnungen trifft. Die Form der Bekanntmachung anderer Verfügungen als solcher, mit denen der Lauf einer Frist beginnt, überläßt der Entwurf dem Ermessen des Richters. In den Akten soll jedoch vermerkt werden, in welcher Weise, an welchem Orte und an welchem Tage die Bekanntmachung zur Ausführung gebracht ist, und die Landesjustizverwaltung soll außerdem berechtigt sein, nähere Vorschriften über die Art der Bekanntmachung zu treffen. Ferner gilt auch hier der Grundsatz des Abs. 3, wonach einem Anwesenden die Verfügung zu Protokoll bekannt gemacht werden kann. Durch diese Regelung wird dem praktischen Bedürfnisse Genüge gethan und andererseits den besonderen auf das Zustellungswesen bezüglichen

Verhältnissen der einzelnen Bundesstaaten Rechnung getragen. Auch der §. 39 der Strafprozeßordnung hat schon den Landesjustizverwaltungen die Befugniß vorbehalten, innerhalb bestimmter Grenzen Vorschriften über die Zustellungen zu erlassen.

Berechnung von Fristen. (§. 16.)

Der §. 16 Abs. 1 des Entwurfs läßt die Vorschriften des Bürgerlichen Gesetzbuchs über die Berechnung der Fristen auf das Verfahren der freiwilligen Gerichtsbarkeit Anwendung finden. Der Abs. 2 schließt sich dem §. 200 Abs. 2 der Civilprozeßordnung an; er bringt den Grundsatz, den der §. 193 des Bürgerlichen Gesetzbuchs hinsichtlich der Berechnung einer Frist aufstellt, die an einem Sonntag oder allgemeinen Feiertag endigt, auch für solche Fälle zur Geltung, wo es sich nicht um eine Willenserklärung oder Leistung handelt.

Nachträgliche Aenderung einer gerichtlichen Verfügung. (§. 17.)

Im §. 17 des Entwurfs wird dem Gerichte die Befugniß gewährt, eine von ihm erlassene Verfügung zu ändern, falls es sie nachträglich für ungerechtfertigt erachtet. Es ist dies eine den besonderen Bedürfnissen der nichtstreitigen Rechtspflege entsprechende Fortbildung der von verschiedenen Landesgesetzen aus dem §. 534 der Civilprozeßordnung übernommenen Vorschrift, daß das Gericht, gegen dessen Entscheidung Beschwerde eingelegt wird, der Beschwerde abhelfen darf. Ist eine Sache wegen Unzuständigkeit oder auf Grund der §§. 43, 72 an ein anderes Gericht abgegeben worden, so steht diesem Gerichte die im §. 17 vorgesehene Befugniß selbstverständlich auch gegenüber den Verfügungen des Gerichts zu, welches früher mit der Sache befaßt war.

Die Befugniß des Gerichts zur Aenderung seiner Entscheidungen muß für den Fall eine Beschränkung erleiden, daß das Gericht den Erlaß einer Verfügung abgelehnt hat, die nur auf Antrag erfolgen kann. Hier ist der ursprüngliche Antrag durch seine Zurückweisung erledigt und es bedarf daher, um die Aenderung herbeizuführen, der Stellung eines neuen Antrags. Ein solcher Antrag ist insbesondere auch in der Beschwerde enthalten; ob die Beschwerde bei dem Gericht erster Instanz oder bei dem Beschwerdegericht eingelegt ist, begründet hierbei keinen Unterschied.

Kein Raum ist für die Befugniß des Gerichts zur Abänderung seiner Entscheidung gegenüber solchen Verfügungen, welche der sofortigen Beschwerde (§. 21) unterliegen. Die Zulässigkeit einer nachträglichen Aenderung würde der Natur dieser Verfügungen widerstreiten, bei denen es vor allem darauf ankommt, den baldigen Eintritt der Rechtskraft herbeizuführen. Eine Entscheidung, die noch nicht durch ihre Bekanntmachung an die Betheiligten nach außen hervorgetreten ist, kann aber das Gericht selbstverständlich auch dann ändern, wenn sie mit der sofortigen Beschwerde anfechtbar ist.

Beschwerde. (§§. 18 bis 29.)

In den §§. 18 bis 29 ordnet der Entwurf das Beschwerdeverfahren. Er schließt sich dabei, ebensowie die Grundbuchordnung, im Wesentlichen den Vorschriften der Civilprozeßordnung an, welche schon jetzt durch die Mehrzahl der Landesgesetze auf die Beschwerde in Sachen der freiwilligen Gerichtsbarkeit übertragen sind.*) Uebrigens unterliegen den Bestimmungen des Entwurfs nur die Beschwerden gegen sachliche Anordnungen des Gerichts. Für Beschwerden, welche die Justizverwaltung, insbesondere die Art des Geschäftsbetriebs betreffen, bleibt auf dem Gebiete der freiwilligen Gerichtsbarkeit ebenso wie auf dem Gebiete der streitigen Rechtspflege das Landesrecht maßgebend.

Im §. 18 wird zunächst die Zulässigkeit der Beschwerde ausgesprochen und weiterhin die Entscheidung über das Rechtsmittel nach dem Vorgange der Grundbuchordnung (§. 72) und der meisten Landesgesetze den Landgerichten zugewiesen.

Der §. 19 regelt die Befugniß zur Erhebung der Beschwerde. Er gewährt diese Befugniß Jedem, dessen Recht durch die Verfügung beeinträchtigt ist, jedoch mit der Maßgabe, daß, soweit eine Verfügung nur auf Antrag erlassen werden kann und der Antrag zurückgewiesen worden ist, die Beschwerde ausschließlich dem Antragsteller zusteht. Hiernach genügt es zur Anfechtung nicht, daß die Verfügung auf die rechtlichen Be-

*) Zu vergl. beispielsweise das bayerische Gesetz zur Ausführung der Civilprozeßordnung und Konkursordnung vom 23. Februar 1879 Art. 56, das hessische Gesetz, das Verfahren in Sachen der nichtstreitigen Gerichtsbarkeit betreffend, vom 5. Juni 1879 Art. 7, die oldenburgischen Gesetze, betreffend die Einführung des Gerichtsverfassungsgesetzes, für das Herzogthum Oldenburg vom 10. April 1879 Art. 9, für das Fürstenthum Lübeck vom 2. April 1879 Art. 6 und für das Fürstenthum Birkenfeld vom 10. Mai 1879 Art. 8, die mecklenburg-schwerinsche Verordnung zur Ausführung des Gerichtsverfassungsgesetzes vom 17. Mai 1879 §. 65.

ziehungen des Beschwerdeführers von Einfluß ist und daß er insofern ein Interesse an ihrer Aenderung hat, vielmehr ist stets erforderlich, daß eine Beeinträchtigung seines Rechtes vorliegt. Diese Regelung steht mit allgemeinen Rechtsgrundsätzen im Einklange. Darüber hinauszugehen, ist weder durch ein praktisches Bedürfniß noch durch Rücksichten der Billigkeit geboten. Soweit für besondere Fälle Abweichungen angezeigt erscheinen, hat der Entwurf das Erforderliche vorgesehen (zu vergl. §. 54).

Die Vorschriften des §. 20 über die Form der Einlegung der Beschwerde sind den Bestimmungen im §. 73 der Grundbuchordnung nachgebildet. Die Beschwerde kann danach bei dem Gerichte, dessen Verfügung angefochten wird, oder bei dem Beschwerdegericht eingelegt werden, und zwar entweder durch Einreichung einer Beschwerdeschrift oder zum Protokolle des Gerichtsschreibers eines dieser Gerichte. Auch eine auf Grund des §. 11 zum Protokolle des Gerichtsschreibers eines anderen Gerichts abgegebene Erklärung gilt selbstverständlich, sofern sie von dem Beschwerdeführer unterschrieben ist, als Beschwerdeschrift im Sinne des §. 20; durch die Einreichung eines solchen Protokolls bei dem Gerichte, dessen Verfügung angefochten wird, oder bei dem Beschwerdegerichte wird daher der für die Einlegung der Beschwerde vorgeschriebenen Form genügt.

Die Beschwerde ist in der Regel an keine Frist gebunden. Ausnahmen sind jedoch für bestimmte Angelegenheiten geboten, in denen das Interesse der Betheiligten verlangt, daß das Rechtsverhältniß möglichst bald eine feste Grundlage erhalte. Verfügungen in solchen Angelegenheiten erscheinen daher einer Rechtskraft fähig und, um diesen Erfolg zu sichern, bestimmt der §. 21 Abs. 1 nach dem Vorgange des §. 540 Abs. 2 der Civilprozeßordnung, daß das hier als „sofortige Beschwerde" bezeichnete Rechtsmittel binnen einer Frist von zwei Wochen einzulegen ist. Die Frist beginnt für Jeden, dem die Beschwerde zusteht, mit dem Zeitpunkt, in welchem ihm die Verfügung bekannt gemacht worden ist. Bei unverschuldeter Versäumniß der Frist wird, entsprechend den §§. 210 ff. der Civilprozeßordnung, Wiedereinsetzung in den vorigen Stand zugelassen (§. 21 Abs. 2).

Der §. 22, wonach die Beschwerde auf neue Thatsachen und Beweise gestützt werden kann, wiederholt einen bereits im §. 533 der Civilprozeßordnung anerkannten Grundsatz (zu vergl. §. 74 der Grundbuchordnung).

Ebenso folgt der §. 23 des Entwurfs dem §. 535 der

Civilprozeßordnung. Die Beschwerde hat danach regelmäßig keine aufschiebende Wirkung; doch soll sowohl das Beschwerdegericht als auch das Gericht, dessen Verfügung angefochten wird, berechtigt sein, die Aussetzung der Vollziehung anzuordnen. Dem Beschwerdegerichte soll außerdem die Befugniß zustehen, vor der Entscheidung einstweilige Anordnungen anderer Art zu erlassen. Daß das Gericht, welches die angefochtene Verfügung erlassen hat, der Beschwerde abhelfen kann, falls sie ihm begründet erscheint (Civilprozeßordnung §. 534, Grundbuchordnung §. 75), ergiebt sich aus der allgemeinen Vorschrift des §. 17 Abs. 1 und braucht deshalb nicht nochmals besonders hervorgehoben zu werden.

Vorschriften, die den §§. 537, 538 der Civilprozeßordnung entsprechen, sind nach dem Vorgange der Grundbuchordnung in den Entwurf nicht aufgenommen worden, weil ihr Inhalt für ein Verfahren in Sachen der freiwilligen Gerichtsbarkeit selbstverständlich ist. Es kann nicht zweifelhaft sein, daß das Gericht von Amtswegen zu prüfen hat, ob die Beschwerde an sich statthaft und ob sie in der gesetzlichen Form und Frist eingelegt ist, und ebenso ergiebt sich in Ermangelung einer entgegenstehenden Bestimmung ohne Weiteres, daß das Beschwerdegericht, falls es die Beschwerde für begründet erachtet, die erforderlichen Anordnungen entweder seinerseits treffen oder sie dem Gericht erster Instanz übertragen kann.

Das Beschwerdegericht hat nach §. 24 seine Entscheidung mit Gründen zu versehen. Dies ist, abweichend von der Civilprozeßordnung, mit Rücksicht darauf vorgeschrieben, daß nach §. 26 die weitere Beschwerde nur im Falle einer Verletzung des Gesetzes stattfinden soll (zu vergl. Grundbuchordnung §. 77).

Die Entscheidungen des Beschwerdegerichts werden ebenso wie die Verfügungen der Gerichte erster Instanz im Allgemeinen sofort wirksam (§. 15 Abs. 1 des Entwurfs). Die Regel paßt jedoch nicht für Entscheidungen, welche auf sofortige Beschwerde ergehen und demgemäß (§. 28 Abs. 2 des Entwurfs) auch nur mit der sofortigen weiteren Beschwerde angefochten werden können. Wenn der bezeichneten Gestaltung des Rechtsmittels der Zweck zu Grunde liegt, einen nachtheiligen Wechsel in der Ordnung der in Frage stehenden Rechtsverhältnisse thunlichst zu vermeiden, so könnte dieser Zweck durch die Anwendung jener Regel leicht vereitelt werden. Der §. 25 Satz 1 sieht deshalb vor, daß in den Fällen, in denen die sofortige weitere

Beschwerde stattfindet, die Entscheidung des Beschwerdegerichts erst mit der Rechtskraft wirksam wird, folglich bis zu diesem Zeitpunkte die Verfügung der ersten Instanz aufrecht erhalten bleibt; dabei versteht es sich von selbst, daß, wenn mehrere Betheiligte die Beschwerde erheben können, die Rechtskraft nicht eintritt, bevor für jeden die Beschwerdefrist abgelaufen ist. Unter Umständen können allerdings die Betheiligten ein berechtigtes Interesse daran haben, daß die Entscheidung des Beschwerdegerichts alsbald in Kraft trete, und der §. 25 Satz 2 setzt daher das Beschwerdegericht in die Lage, geeignetenfalls die sofortige Wirksamkeit seiner Entscheidung anzuordnen. Diese Befugniß bezieht sich aber nur auf solche Entscheidungen, für welche die Regel des §. 15 Abs. 1 lediglech durch die allgemeine Vorschrift des §. 25 Satz 1 ausgeschlossen ist, nicht auf solche, die zufolge besonderer Vorschrift überhaupt erst mit der Rechtskraft in Wirksamkeit treten (zu vergl. §. 50, §. 53 Abs. 2, §. 67). In den Fällen der letzteren Art kann das Beschwerdegericht die sofortige Wirksamkeit seiner Entscheidung nur ausnahmsweise und unter bestimmten Voraussetzungen anordnen.

Die weitere Beschwerde ist nach §. 26 des Entwurfs nur zulässig, wenn die Entscheidung des Beschwerdegerichts auf einer Verletzung des Gesetzes beruht. Eine entsprechende Regelung hat die weitere Beschwerde bereits in einer Reihe der geltenden Landesgesetze, namentlich im preußischen Ausführungsgesetze zum Gerichtsverfassungsgesetze (§. 52) sowie im bayerischen Ausführungsgesetze zur Civilprozeßordnung (Art. 63), erfahren. Für Grundbuchsachen ist im §. 78 der Grundbuchordnung die gleiche Bestimmung getroffen. Die Vorschrift des §. 27, wonach zur Entscheidung über die weitere Beschwerde das Oberlandesgericht und unter bestimmten Voraussetzungen das Reichsgericht berufen ist, entspricht ebenfalls der Grundbuchordnung (§. 79). Dasselbe gilt im Wesentlichen von den Bestimmungen des §. 28 Abs. 1, 3, 4 über die Einlegung des Rechtsmittels und das weitere Verfahren (zu vergl. Grundbuchordnung § 80). Wenn der Entwurf im Abs. 2 des §. 28 außerdem vorsieht, daß gegen die Entscheidung des Beschwerdegerichts, welche eine der sofortigen Beschwerde unterliegende Verfügung bestätigt oder aufhebt, auch die weitere Beschwerde nur innerhalb einer Frist von zwei Wochen zulässig ist, so rechtfertigt sich diese Einschränkung durch die besondere Natur des Rechtsmittels der sofortigen Beschwerde, das der Grundbuchordnung fremd ist.

Der Inhalt des §. 29 ist in der Hauptsache dem §. 81

der Grundbuchordnung entnommen. Danach erfolgen die Entscheidungen über die Beschwerden bei den Landgerichten durch eine Civilkammer, bei den Oberlandesgerichten und dem Reichsgerichte durch einen Civilsenat, und es findet im Falle einer Meinungsverschiedenheit zwischen den Senaten des Reichsgerichts der §. 137 des Gerichtsverfassungsgesetzes entsprechende Anwendung. Eine besondere Vorschrift giebt der §. 29 für die Beschwerden in Handelssachen (§§. 121 bis 154), indem er, soweit bei den Landgerichten gemäß §. 100 des Gerichtsverfassungsgesetzes Kammern für Handelssachen gebildet sind, diesen Kammern die Entscheidung über Beschwerden zuweist. Der §. 81 der Grundbuchordnung hat noch vorgesehen, daß in der Beschwerdeinstanz die Bestimmungen der Civilprozeßordnung über die Ausschließung und Ablehnung der Gerichtspersonen entsprechende Anwendung finden. Für den vorliegenden Entwurf bedarf es indessen einer solchen Vorschrift nicht, da die Bestimmungen, welche der §. 6 in der fraglichen Beziehung enthält, auch für die höhere Instanz angemessen erscheinen.

Zeugnisse über die Rechtskraft. (§. 30.)

Um den Betheiligten, insbesondere bei solchen Verfügungen, die erst mit Rechtskraft wirksam werden, den Nachweis der Rechtskraft zu ermöglichen, sieht der § 30 des Entwurfs vor, daß Zeugnisse über die Rechtskraft von dem Gerichtsschreiber erster Instanz zu ertheilen sind.

Folgen der Aufhebung einer Verfügung. (§. 31.)

Ist eine Verfügung, durch die Jemand die Fähigkeit oder die Befugniß zur Vornahme eines Rechtsgeschäfts oder zur Entgegennahme einer Willenserklärung erlangt, ungerechtfertigt, so soll nach §. 31 des Entwurfs die Aufhebung der Verfügung auf die Wirksamkeit der inzwischen von ihm oder ihm gegenüber vorgenommenen Geschäfte keinen Einfluß haben, sofern nicht etwa die Verfügung wegen Mangels der sachlichen Zuständigkeit des Gerichts unwirksam ist. Die Vorschrift beruht auf den gleichen Gesichtspunkten wie die Bestimmung des §. 115 Abs. 1 Satz 2 des Bürgerlichen Gesetzbuchs, welche den bezeichneten Grundsatz für den Fall der erfolgreichen Anfechtung eines Entmündigungsbeschlusses in Ansehung der von oder gegenüber dem gesetzlichen Vertreter vorgenommenen Rechtsgeschäfte aufstellt. Sie kann beispielsweise zur Anwendung kommen, wenn das Vormundschaftsgericht eine Verfügung, durch welche es genehmigt, daß ein Minderjähriger zum selbständigen Betriebe eines Erwerbsgeschäfts ermächtigt wird (Bürgerliches Gesetzbuch §. 112), nachträglich als ungerechtfertigt aufhebt oder wenn es einer Verfügung, durch welche die vom Vormunde dem Mündel verweigerte Zustimmung zum selbständigen Abschlusse von Dienst- oder Arbeitsverträgen ersetzt wird (Bürgerliches Gesetzbuch §. 113), oder einer der sonstigen im §. 50 Abs. 1 Satz 1 des Entwurfs bezeichneten Verfügungen sofortige Wirksamkeit verleiht, das Beschwerdegericht aber die Verfügung aufhebt. Das Gleiche gilt, wenn nach dem Eintritte der Rechtskraft einer solchen Verfügung oder nach dem Eintritte der Rechtskraft der Volljährigkeitserklärung (§. 53) einem Betheiligten gegen den Ablauf der Beschwerdefrist die Wiedereinsetzung in den vorigen Stand ertheilt wird. Des Weiteren greift der §. 31 auch dann Platz, wenn eine Verfügung aufgehoben wird, durch die Jemand zum Vormund oder Pfleger oder nach § 135 des Entwurfs in Verbindung mit den Vorschriften des Handelsgesetzbuchs zum Liquidator einer Handelsgesellschaft bestellt worden ist.

Zweiter Abschnitt.
Vormundschaftssachen.

Zuständigkeit der Amtsgerichte. (§. 32.)

Das Bürgerliche Gesetzbuch geht im Allgemeinen davon aus, daß die Führung der Obervormundschaft Sache der Gerichte ist, es enthält aber keine Bestimmung darüber, welche Gerichte die obervormundschaftlichen Geschäfte wahrzunehmen haben. Der Entwurf überträgt die dem Vormundschaftsgericht obliegenden Verrichtungen den Amtsgerichten (§. 32). Er schließt sich damit dem im größten Theile Deutschlands schon jetzt geltenden Rechtszustand an. Selbstverständlich wird hierdurch, wie sich aus §. 186 ergiebt, der im Art. 147 des Einführungsgesetzes zum Bürgerlichen Gesetzbuche für die Landesgesetzgebung gemachte Vorbehalt nicht berührt, und die einzelnen Bundesstaaten bleiben daher in der Lage, die Geschäfte des Vormundschaftsgerichts anderen als gerichtlichen Behörden zuzuweisen.

Oertliche Zuständigkeit für die Vormundschaft. (§. 33.)

Was die örtliche Zuständigkeit betrifft, so stellt der §. 33 Abs. 1 Satz 1 als Regel den Grundsatz auf, daß für die Vormundschaft das Gericht zuständig ist, in dessen Bezirke der Mündel zu der Zeit, zu welcher die Anordnung der Vormundschaft erforderlich wird, seinen Wohnsitz oder in Ermangelung eines inländischen Wohnsitzes seinen Aufenthalt hat. In Ansehung der Vormundschaft über Volljährige stimmt das geltende Recht hiermit im Wesentlichen überein. Auch für die Vormundschaft über Minderjährige ist der Grundsatz des Entwurfs landesgesetzlich schon jetzt mehrfach anerkannt. Er rechtfertigt sich dadurch, daß das bezeichnete Gericht gewöhnlich am besten in der Lage ist, die Vormundschaft rasch einzuleiten und sie in geeigneter Weise zu führen. Andere Rechte, wie die preußische Vormundschaftsordnung (§§. 2, 3), bestimmen allerdings die Zuständigkeit für die Vormundschaft über einen Minderjährigen nicht nach dem Wohnsitz oder Aufenthalte des Mündels, sondern nach dem Wohnsitz oder Aufenthalte des Vaters, bei unehelichen Kindern nach dem der Mutter. Allein diese Art der Regelung paßt, namentlich was die ehelichen Kinder betrifft, nicht mehr zum Bürgerlichen Gesetzbuche. Sie beruht auf der unter der Herrschaft des geltenden Rechtes allerdings fast immer zutreffenden Voraussetzung, daß das minderjährige Kind bei dem Eintritte des Falles der Bevormundung seinen Wohnsitz an dem Orte habe, an welchem sich der letzte Wohnsitz des Vaters befand. Nach dem Bürgerlichen Gesetzbuche wird aber für ein minderjähriges Kind die Vormundschaft nicht, wie bisher, ohne Weiteres mit dem Tode des Vaters nothwendig, sondern gewöhnlich erst dann, wenn beide Eltern verstorben sind. Unter solchen Umständen wird häufig genug der Fall sich ergeben, daß in der Zeit zwischen dem Tode des Vaters und der Anordnung der Vormundschaft die Mutter kraft der ihr als Inhaberin der elterlichen Gewalt (Bürgerliches Gesetzbuch §§. 1684 ff.) zustehenden Vertretungsbefugniß den Wohnsitz des Kindes ändert (§§. 8, 11 des Bürgerlichen Gesetzbuchs).

Eine besondere Vorschrift trifft der Entwurf aus Zweckmäßigkeitsrücksichten für den Fall, daß die Anordnung einer Vormundschaft über Geschwister, die in verschiedenen Gerichtsbezirken ihren Wohnsitz oder Aufenthalt haben, erforderlich wird. Hier soll, wenn für einen der Mündel schon eine Vormundschaft anhängig ist, das für diese zuständige Gericht in Ansehung aller Mündel zuständig sein; ist dagegen eine Vormundschaft noch nicht anhängig, so soll für alle Mündel die Zuständigkeit durch den Wohnsitz oder Aufenthalt des jüngsten von ihnen, als des voraussichtlich am längsten zu bevormundenden, begründet werden.

Für die Vormundschaft über Deutsche, die im Inlande weder Wohnsitz noch Aufenthalt haben, ist nach der sich dem

§. 5 der preußischen Vormundschaftsordnung anschließenden Vorschrift des §. 33 Abs 2 das Gericht des letzten inländischen Wohnsitzes und in Ermangelung eines solchen Wohnsitzes das von der Landesjustizverwaltung ihres Heimathsstaats bestimmte Gericht zuständig; an die Stelle der Landesjustizverwaltung tritt, wenn es sich um einen Deutschen handelt, der keinem Bundesstaat angehört (§. 6 des Gesetzes über die Rechtsverhältnisse der Schutzgebiete vom 15. März 1888, Reichs-Gesetzbl. S. 71), der Reichskanzler.

Der letzte Absatz des §. 33 überträgt, entsprechend dem §. 7 der preußischen Vormundschaftsordnung und dem §. 26 der sächsischen provisorischen Gerichtsordnung vom 9. Januar 1865, die Vormundschaft über einen Minderjährigen, bei dem die Ermittelung des Familienstandes und folgeweise auch der für die Feststellung des Wohnsitzes nach §. 11 des Bürgerlichen Gesetzbuchs zunächst maßgebenden Umstände nicht möglich ist, dem Gericht, in dessen Bezirke der Minderjährige aufgefunden wurde.

Für die Vormundschaft über Ausländer bedarf es keiner besonderen Bestimmungen, vielmehr reichen die Zuständigkeitsvorschriften des §. 33 Abs. 1 aus. Soweit sich nach diesen Vorschriften die Zuständigkeit eines inländischen Gerichts nicht begründen läßt, wird auch kein Bedürfniß für die Anordnung einer Vormundschaft im Inlande gegeben sein. Gemäß Art. 23 des Einführungsgesetzes zum Bürgerlichen Gesetzbuch ist eine solche Anordnung überhaupt nur zulässig, wenn der ausländische Staat die Fürsorge nicht übernimmt, sei es, daß er von vornherein eine Vormundschaft nicht einleitet, sei es, daß er wegen veränderter Verhältnisse, zum Beispiel weil der Mündel seinen Wohnsitz in das Reichsgebiet verlegt hat, die Vormundschaft nicht fortführen will. Ob danach die Voraussetzungen für die Zulässigkeit der Anordnung vorliegen, ist von dem inländischen Gerichte hier selbstverständlich ebenso zu prüfen wie bei allen sonstigen Anlässen, und das Gericht wird daher eintretenden Falles von Amtswegen die Ermittelungen herbeiführen müssen, welche erforderlich sind, um festzustellen, daß der ausländische Staat die Fürsorge nicht übernimmt. Dabei ist für die Frage der Zuständigkeit des inländischen Gerichts nach §. 33 Abs. 1 der Zeitpunkt maßgebend, in welchem die Anordnung der Vormundschaft im Inland erforderlich wird.

Ist nach den Vorschriften des §. 33 die Zuständigkeit eines Gerichts einmal begründet, so wird sie auch durch den späteren

Wegfall der Umstände, auf denen sie beruht, nicht berührt, vielmehr bedarf es zu einem Wechsel der Obervormundschaft einer besonderen Verfügung, durch welche die Vormundschaft an ein anderes Gericht abgegeben wird (§. 43). Diese auch dem geltenden Rechte entsprechende Regelung vermeidet die Nachtheile, die eine Aenderung der Obervormundschaft sowie der damit oft verbundene Eintritt eines neuen Vormundes für die Stetigkeit der Verwaltung mit sich bringt.

Zuständigkeit für die Pflegschaft. (§§. 34 bis 39).

Die §§. 34 bis 39 betreffen die Zuständigkeit für die Pflegschaft.

Entsprechend den in Preußen und in anderen Bundesstaaten zur Zeit geltenden Bestimmungen, geht der Entwurf davon aus, daß auf die Pflegschaft thunlichst dieselben Vorschriften zur Anwendung zu bringen sind wie auf die Vormundschaft, und daß, wenn hinsichtlich der Person, der ein Pfleger bestellt werden soll, bei einem inländischen Gerichte schon eine Vormundschaft anhängig ist, dieses Gericht auch die Pflegschaft einzuleiten hat (§. 34 Abs. 1, §. 35, §. 36 Abs 1, §. 37). Einer Ergänzung bedürfen diese Vorschriften insbesondere hinsichtlich der Pflegschaft über einen Ausländer. Das Bedürfniß einer solchen wird, abweichend von den für die Vormundschaft maßgebenden Verhältnissen, unter Umständen auch bei einem Ausländer hervortreten, der im Inlande weder wohnt noch sich aufhält; dies trifft namentlich dann zu, wenn sich die im Ausland angeordnete Vormundschaft oder Pflegschaft nach dem dortigen Rechte nicht auf das im Inlande befindliche Vermögen erstreckt. Mit Rücksicht hierauf bestimmt der Entwurf, daß, falls nach §. 1909 oder §. 1910 des Bürgerlichen Gesetzbuchs die Anordnung einer Pflegschaft für einen Ausländer erforderlich wird, über den bei einem inländischen Gericht eine Vormundschaft nicht anhängig ist und der im Inlande weder Wohnsitz noch Aufenthalt hat, für die Pflegschaft das Gericht zuständig ist, in dessen Bezirke das Bedürfniß der Fürsorge hervortritt (§. 34 Abs. 2, § 35). Nicht minder kann es sich übrigens bei einer Pflegschaft über einen Inländer als wünschenswerth herausstellen, daß nicht das Gericht seines Wohnsitzes, sondern das Gericht, in dessen Bezirke sich das Bedürfniß der Fürsorge geltend macht, die Pflegschaft führt. In dieser Beziehung genügt jedoch die Vorschrift des §. 43 Abs. 3 über die Angabe der Pflegschaft dem praktischen Bedürfnisse; sie ermöglicht es insbesondere, die Pflegschaft bezüglich eines vom Wohnsitze des Pflegebefohlenen entfernt gelegenen Grundbesitzes dem Gerichte zu übertragen, in dessen Bezirke der Grundbesitz liegt.

Zuständigkeit für die sonstigen dem Vormundschaftsgericht obliegenden Verrichtungen. (§§. 40 bis 42.)

Im §. 40 trifft der Entwurf Bestimmungen für solche dem Vormundschaftsgericht obliegenden Verrichtungen, die nicht eine Vormundschaft oder Pflegschaft betreffen. Hierher gehören in Ansehung eines Minderjährigen die Volljährigkeitserklärung und die nach den Vorschriften über das Elternrecht erforderliche Thätigkeit des Vormundschaftsgerichts, insbesondere die im §. 1643 des Bürgerlichen Gesetzbuchs vorgesehene Genehmigung eines Rechtsgeschäfts, das der Inhaber der elterlichen Gewalt für das Kind abgeschlossen hat, sowie in den Fällen, in denen für die Mutter als Inhaberin der elterlichen Gewalt ein Beistand erforderlich wird, die Bestellung und Beaufsichtigung des Beistandes (Bürgerliches Gesetzbuch §§. 1687 ff.). In Ansehung eines volljährigen Kindes kann die Thätigkeit des Vormundschaftsgerichts namentlich dann erforderlich werden, wenn die elterliche Einwilligung zur Eheschließung dem Kinde verweigert wird oder wenn das Kind beantragt, die Bestimmung der Eltern über die Art der Gewährung des Unterhalts zu ändern (Bürgerliches Gesetzbuch §§. 1308, 1612). Die Zuständigkeit für die fraglichen Verrichtungen läßt sich wiederum am einfachsten im Anschluß an die für die Vormundschaft getroffenen Bestimmungen regeln (§. 40 Abs. 1). In erster Reihe hat hiernach der Wohnsitz des Kindes, um dessen Angelegenheit es sich handelt, zu entscheiden. Er ist in der Regel zugleich der Wohnsitz des Inhabers der elterlichen Gewalt, aber selbst wo dies ausnahmsweise nicht zutrifft, wie bei einer verheiratheten Tochter, besteht kein Grund, dem Gericht, in dessen Bezirke der Inhaber der elterlichen Gewalt seinen Wohnsitz hat, den Vorzug zu geben. Was die Begründung der Zuständigkeit für jede einzelne Angelegenheit anlangt, so kommt es nach dem Entwurf auch hier auf den Zeitpunkt an, in welchem das Gericht mit der Angelegenheit befaßt wird. Durch einen späteren Wechsel in dem Wohnsitz oder Aufenthalte des Kindes wird mithin die einmal begründete Zuständigkeit nicht berührt. Hat beispielsweise ein Gericht Einleitung getroffen, dem Vater die Vertretung des Kindes zu entziehen (Bürgerliches Gesetzbuch §. 1630), so bleibt es für die Erledigung der Angelegenheit zuständig, ohne Rücksicht darauf, ob der Vater durch eine Aenderung seines Wohnsitzes auch den des Kindes verlegt.

Ist für denjenigen, in Ansehung dessen eine unter den §. 40 fallende Thätigkeit des Vormundschaftsgerichts erforderlich wird, eine Vormundschaft, Pflegschaft oder Beistandschaft anhängig, so soll nach Abs. 2 für diese Thätigkeit das Gericht zuständig sein, bei welchem die Vormundschaft, Pflegschaft oder Beistandschaft anhängig ist. Diesem Gerichte sind die für die Interessen des Mündels in Betracht kommenden Verhältnisse jedenfalls am genauesten bekannt, auch steht die Thätigkeit des Gerichts, wie sie auf Grund des Elternrechts sich ergiebt, mit der obervormundschaftlichen Fürsorge in engem Zusammenhange. Namentlich wird die im §. 1612 des Bürgerlichen Gesetzbuchs bezüglich der Unterhaltspflicht der Eltern vorgesehene Anordnung bei einem unter Vormundschaft stehenden Kinde zweckmäßig dem Gerichte zu überlassen sein, welches die Vormundschaft führt, und nicht minder erscheint es angemessen, wenn in den Fällen, in denen der Mutter ein Beistand bestellt ist, die Entscheidung darüber, ob ihr die Sorge für die Person des Kindes entzogen werden soll (Bürgerliches Gesetzbuch §§. 1666, 1686), durch das Gericht erfolgt, bei welchem die Beistandschaft anhängig ist. Daß das Gericht, welches die Beistandschaft angeordnet hat, für alle weiteren Verfügungen zuständig ist, welche durch die Beistandschaft selbst erforderlich werden, folgt schon aus der allgemeinen Vorschrift des Abs. 1; denn es handelt sich bei der Beistandschaft nicht um eine Reihe getrennter Verrichtungen, sondern um eine andauernde und einheitliche Thätigkeit des Gerichts.

Ist der gesetzliche Vertreter an der Erfüllung seiner Pflichten gegenüber dem Kinde oder dem Mündel verhindert oder ist für eine Person, die des vormundschaftlichen Schutzes bedarf, ein Vormund noch nicht bestellt, so hat nach den §§. 1665, 1846 des Bürgerlichen Gesetzbuchs das Vormundschaftsgericht die im Interesse des Kindes oder Mündels nothwendigen Maßregeln zu treffen. Ebenso kann nach Art. 23 Abs. 2 des Einführungsgesetzes zum Bürgerlichen Gesetzbuche so lange für einen der Fürsorge bedürftigen Ausländer eine Vormundschaft oder Pflegschaft noch nicht angeordnet ist, das deutsche Vormundschaftsgericht zu vorläufigen Maßregeln schreiten. Um hier gegebenenfalls ein rechtzeitiges Eingreifen zu sichern, sieht der §. 41 Satz 1 des Entwurfs vor, daß die bezeichneten Maßregeln von jedem Gerichte getroffen werden können, in dessen Bezirke das

Bedürfniß der Fürsorge hervortritt. Die nach dem §. 41 begründete Zuständigkeit ist aber, wie sich auch aus der Fassung der Vorschrift ergiebt, keine ausschließliche; vielmehr bleiben daneben die Bestimmungen des §. 40 und, soweit die zu treffende Maßregel in der Anordnung einer Pflegschaft besteht, die für die Pflegschaft geltenden Zuständigkeitsvorschriften anwendbar. Für den Fall, daß während der Dauer einer Vormundschaft, Pflegschaft oder Beistandschaft ein nach §. 41 zuständiges Gericht vorläufige Maßregeln anordnet, legt ihm der Schlußsatz des §. 41 die Verpflichtung auf, das Gericht, bei welchem die Vormundschaft, Pflegschaft oder Beistandschaft anhängig ist, davon zu benachrichtigen.

Der §. 42 regelt die Zuständigkeit des Vormundschaftsgerichts für Angelegenheiten, welche die durch die Ehe begründeten persönlichen Rechtsbeziehungen der Ehegatten zu einander oder das eheliche Güterrecht betreffen. Es handelt sich hierbei im Wesentlichen um die Befugniß, der Frau die ihr vom Manne entzogene Schlüsselgewalt wiederzugeben, sowie um die Befugniß, die Zustimmung des einen Ehegatten zu Rechtsgeschäften des anderen Ehegatten zu ersetzen (vergl. Bürgerliches Gesetzbuch §. 1357 Abs. 2, §. 1358 Abs. 2, §§. 1379, 1402, 1447, 1451, §. 1487 Abs. 1, §. 1519 Abs. 2, §. 1549, Einführungsgesetz Art. 14, 15). Hier kommt der Natur der Sache nach an erster Stelle das Gericht in Betracht, in dessen Bezirke der Ehemann seinen Wohnsitz oder in Ermangelung eines inländischen Wohnsitzes seinen Aufenthalt hat. Ist der Mann ein Deutscher und hat er im Inlande weder Wohnsitz noch Aufenthalt, so soll nach dem Vorgange des §. 33 Abs. 2 sein letzter inländischer Wohnsitz maßgebend sein und in Ermangelung eines solchen Wohnsitzes die Bestimmung des zuständigen Gerichts der Landesjustizverwaltung oder dem Reichskanzler vorbehalten bleiben. Eine allgemeine Vorschrift für den Fall, daß der Mann ein Ausländer ist und im Inlande weder Wohnsitz noch Aufenthalt hat, ist durch das praktische Bedürfniß nicht geboten, vielmehr verdient in dieser Beziehung nur die Lage der Frau Beachtung, welche Reichsangehörige geblieben ist, während der Mann die Reichsangehörigkeit verloren hat. Werden aber die inländischen Gerichte lediglich mit Rücksicht auf die Frau zum Einschreiten berufen, so erscheint es ohne Weiteres als gerechtfertigt, wenn die Zuständigkeit zunächst von dem Wohnsitz oder Aufenthalte der Frau abhängig gemacht wird; zur Ergänzung dient auch in diesem

Falle die entsprechende Anwendung der Vorschrift des §. 33 Abs. 2.

Abgabe der Vormundschaft rc. (§. 43.)

Im Anschluß an den §. 9 der preußischen Vormundschaftsordnung bestimmt der §. 43 Abs. 1, daß das Vormundschaftsgericht die Vormundschaft aus wichtigen Gründen an ein anderes Gericht abgeben kann, wenn sich dieses zur Uebernahme der Vormundschaft bereit erklärt und der Vormund, sofern ein solcher schon bestellt ist, einwilligt. Können sich die Gerichte nicht einigen oder verweigert der Vormund seine Zustimmung, so soll das gemeinschaftliche obere Gericht entscheiden. Nach dem preußischen Rechte liegt diese Entscheidung dem Oberlandesgericht oder, falls die in Betracht kommenden Gerichte nicht zu demselben Oberlandesgerichtsbezirke gehören, dem Justizminister ob. Der Entwurf folgt indessen auch hier der Auffassung, die er im §. 5 für die Entscheidung von Streitigkeiten über die Zuständigkeit zur Geltung bringt (§. 43 Abs. 2). Die demnach für die Vormundschaft maßgebenden Bestimmungen sind weiterhin auf die Pflegschaft sowie auf die Beistandschaft und die sonstigen unter den §. 40 fallenden Verrichtungen des Vormundschaftsgerichts auszudehnen (§. 43 Abs. 3).

Vormundschaft im Auslande. (§. 44.)

Die Grundsätze des internationalen Privatrechts, wie sie im Einführungsgesetze zum Bürgerlichen Gesetzbuch enthalten sind, gehen augenscheinlich davon aus, daß über die Voraussetzungen, unter denen für einen Deutschen eine Vormundschaft oder Pflegschaft einzuleiten ist, das einheimische Recht auch dann entscheidet, wenn der Deutsche seinen Wohnsitz oder Aufenthalt im Auslande hat. Dadurch wird aber keineswegs der Frage vorgegriffen, ob nicht unter Umständen die für einen Deutschen im Ausland angeordnete Vormundschaft oder Pflegschaft im Inland als wirksam und genügend anzuerkennen ist. In der That erscheint es nicht zweckmäßig, für die eines vormundschaftlichen Schutzes bedürftigen Inländer, die im Auslande wohnen oder sich aufhalten und dort des Schutzes bereits theilhaftig geworden sind, unbedingt an der Einleitung einer inländischen Vormundschaft oder Pflegschaft festzuhalten. Gerade die Interessen des Mündels werden in derartigen Fällen nicht selten fordern, daß die Vormundschaft oder Pflegschaft im Auslande geführt wird, namentlich dann, wenn sich dort der Mittelpunkt nicht nur der persönlichen, sondern auch der vermögensrechtlichen Beziehungen des Mündels befindet. Der Entwurf bestimmt deshalb im §. 44 Abs. 1, daß, falls über einen Deutschen, der im Auslande seinen Wohnsitz oder Aufenthalt hat, die nach dem Bürgerlichen Gesetzbuch erforderliche Vormundschaft im Ausland eingeleitet ist, die Anordnung der Vormundschaft im Inland unterbleiben kann, wenn dies im Interesse des Mündels liegt. Dem entsprechend gestattet der §. 44 Abs. 2, die bei einem inländischen Gericht anhängige Vormundschaft über einen Deutschen, der im Auslande wohnt oder sich aufhält, an den ausländischen Staat abzugeben, wenn dies im Interesse des Mündels liegt, der ausländische Staat sich zur Uebernahme der Vormundschaft bereit erklärt und der Vormund oder bei dessen Weigerung das dem Vormundschaftsgericht im Instanzenzuge vorgeordnete Gericht seine Zustimmung ertheilt. Durch den Abs. 3 des §. 44 werden die bezeichneten Vorschriften auf die Pflegschaft übertragen.

Anzeigepflicht der Standesbeamten ꝛc. (§§. 45 bis 47.)

Damit die Vormundschaftsgerichte von den Fällen, die zur Einleitung einer Vormundschaft Anlaß bieten könnten, sobald als möglich Kenntniß erhalten, legt der Entwurf in den §§. 45 bis 47 bestimmten Beamten und Behörden eine Anzeigepflicht auf. Die Standesbeamten haben dem Vormundschaftsgerichte nach Maßgabe des §. 45 von den Geburten, Todesfällen und Eheschließungen Nachricht zu geben; außerdem hat der Gemeindewaisenrath, sobald er von einem Falle Kenntniß erlangt, in welchem ein Vormund, ein Gegenvormund oder ein Pfleger zu bestellen ist, dem Vormundschaftsgerichte Mittheilung zu machen (§. 46). Wird die Anordnung einer Vormundschaft oder einer Pflegschaft in Folge eines gerichtlichen Verfahrens, z. B. einer Entmündigung, nothwendig, so soll ferner das Gericht das zuständige Vormundschaftsgericht benachrichtigen (§. 47). Die letztere Vorschrift schließt sich an die Bestimmungen der Civilprozeßordnung (§§. 600, 603, 615, 623) sowie an den §. 16 Abs. 3 der preußischen Vormundschaftsordnung an (vergl. sächsische provisorische Gerichtsordnung §. 36). Auch eine Anzeigepflicht der Standesbeamten besteht in Preußen und anderen Bundesstaaten schon gegenwärtig. Daneben legen die Landesgesetze vielfach den Verwandten und sonstigen Angehörigen des Mündels in engerem oder weiterem

Umfange die Verpflichtung auf, das Vormundschaftsgericht zu benachrichtigen, wenn die Anordnung einer Vormundschaft oder Pflegschaft nothwendig wird (preußische Vormundschaftsordnung §. 16 Abs. 1, badisches Rechtspolizeigesetz §. 17). Von der Aufnahme derartiger Bestimmungen ist jedoch abgesehen, da die Vorschriften des Entwurfs in ihrem Zusammenwirken dem Bedürfnisse genügen werden. Durch die Bestimmung des §. 45, wonach der Standesbeamte die ihm obliegende Anzeige einer Geburt, eines Todesfalls oder einer Eheschließung dem Vormundschaftsgerichte zu erstatten hat, werden übrigens die Aufsichtsbehörden nicht gehindert, die Standesbeamten anzuweisen, daß sie die Anzeigen dem Vormundschaftsgerichte durch Vermittelung des Gemeindewaisenraths zugehen lassen; der Gemeindewaisenrath kann alsdann bei der Weitergabe der Anzeigen die Personen vorschlagen, die sich zum Vormund oder Gegenvormund eignen (Bürgerliches Gesetzbuch §. 1849).

Beginn der Wirksamkeit vormundschaftsgerichtlicher Verfügungen.
(§§. 48 bis 50.)

Eine Verfügung, die gemäß §§. 1677, 1686 des Bürgerlichen Gesetzbuchs feststellt, daß der Vater oder die Mutter auf längere Zeit an der Ausübung der elterlichen Gewalt thatsächlich verhindert ist, kann, wenn die allgemeine Vorschrift des §. 15 Abs. 1 auf sie Anwendung findet, erst mit dem Zeitpunkt in Wirksamkeit treten, in welchem sie dem Vater oder der Mutter bekannt gemacht wird. Diese Bekanntmachung wäre aber häufig nur im Wege öffentlicher Zustellung ausführbar oder doch mit großem Zeitverluste verbunden. Der §. 48 Abs. 1 des Entwurfs sieht deshalb vor, daß die Verfügung mit der Bestellung des Vormundes, wenn jedoch während der Verhinderung des Vaters die Mutter die elterliche Gewalt auszuüben hat, mit der Bekanntmachung an die Mutter in Wirksamkeit tritt; dabei soll es keinen Unterschied begründen, ob die Ausübung der elterlichen Gewalt kraft Gesetzes auf die Mutter übergeht (Bürgerliches Gesetzbuch §. 1685 Abs. 1) oder ob ihr das Vormundschaftsgericht gleichzeitig mit der Verfügung, welche die Verhinderung des Vaters feststellt, die Ausübung überträgt (§. 1685 Abs. 2).

Eine Verfügung, durch die von dem Vormundschaftsgerichte festgestellt wird, daß der Grund für das Ruhen der elterlichen Gewalt des Vaters oder der Mutter nicht mehr besteht, wird nach §. 48 Abs. 2 des Entwurfs mit der Bekanntmachung an den Vater oder an die Mutter wirksam. Die Vorschrift ließe sich vielleicht schon aus der Regel des §. 15 Abs. 1 ableiten; es empfiehlt sich indessen, im Anschluß an die auf den Beginn des Ruhens der elterlichen Gewalt bezügliche Vorschrift des Abs. 1 auch hinsichtlich der Beendigung eine ausdrückliche Bestimmung zu treffen.

Der §. 49 des Entwurfs enthält besondere Bestimmungen über den Beginn der Wirksamkeit einer Verfügung, durch die nach §. 1906 des Bürgerlichen Gesetzbuchs ein Volljähriger unter vorläufige Vormundschaft gestellt wird. Die Verfügung soll, wenn die Entmündigung wegen Geisteskrankheit beantragt ist, mit der Bestellung des Vormundes, wenn die Entmündigung wegen Geistesschwäche, wegen Verschwendung oder wegen Trunksucht beantragt ist, mit der Bekanntmachung an den zu Entmündigenden wirksam werden. Soweit es sich um Geistesschwäche, Verschwendung oder Trunksucht handelt, würde freilich schon der Grundsatz des §. 15 Abs. 1 zu dem gleichen Ergebnisse führen. Da indessen die Stellung unter vorläufige Vormundschaft nach §. 114 des Bürgerlichen Gesetzbuchs eine Beschränkung der Geschäftsfähigkeit zur Folge hat, so ist die Frage, wann diese Vormundschaft in Wirksamkeit tritt, von besonderer praktischer Bedeutung, und mit Rücksicht hierauf erscheint es angezeigt, für sämmtliche in Betracht kommenden Fälle eine ausdrückliche Vorschrift aufzunehmen. Aus demselben Grunde hebt der §. 49 am Schlusse noch hervor, daß die Aufhebung der vorläufigen Vormundschaft mit der Bekanntmachung an den Mündel wirksam wird.

Ueber den Zeitpunkt, an welchem die eine Pflegschaft aufhebende Verfügung in Kraft tritt, enthält der Entwurf keine Bestimmung. Da die Pflegschaft keinen Einfluß auf die Geschäftsfähigkeit hat, sondern nur eine Vertretungsmacht des Pflegers schafft, so stellt sich ihre Aufhebung als Entziehung dieser Vertretungsmacht dar. Die betreffende Verfügung wendet sich somit ausschließlich gegen den Pfleger und wird folgeweise nach §. 15 Abs. 1 mit der Bekanntmachung an ihn wirksam. Zu einer hiervon abweichenden Regelung liegt keine Veranlassung vor.

Nach §. 50 des Entwurfs tritt eine Verfügung, durch die auf Grund des §. 1357 Abs. 2 des Bürgerlichen Gesetzbuchs die Ausschließung oder Beschränkung der Schlüsselgewalt der Frau aufgehoben oder dem Ehemanne die im

§. 1358 Abs. 1 daselbst vorgesehene Ermächtigung zur Kündigung ertheilt wird, sowie eine Verfügung, durch die das Vormundschaftsgericht auf Antrag des Kindes die Zustimmung der Mutter zur Ehelichkeitserklärung des Kindes ersetzt (Bürgerliches Gesetzbuch §. 1727), erst mit der Rechtskraft in Wirksamkeit. Das Gleiche soll für jede Verfügung gelten, durch die auf Antrag die Ermächtigung oder die Zustimmung eines Anderen zu einem Rechtsgeschäfte, z. B. die vom Vormunde dem Mündel verweigerte Ermächtigung zum selbständigen Abschlusse von Dienstverträgen, die Einwilligung des gesetzlichen Vertreters zur Eingehung einer Ehe oder die Zustimmung des einen Ehegatten zu Rechtsgeschäften des anderen Ehegatten, seitens des Vormundschaftsgerichts ersetzt wird (zu vergl. Bürgerliches Gesetzbuch §. 113 Abs. 3, §§. 1304, 1379, 1402). Allen diesen Verfügungen ist gemeinsam, daß sie, nachdem sie einmal in Wirksamkeit getreten sind, und damit die Vornahme der betreffenden Handlung ermöglicht haben, in ihren Folgen nicht mehr rückgängig gemacht werden können, ohne die Rechtssicherheit zu gefährden; mit Rücksicht hierauf ist im §. 31 des Entwurfs der Grundsatz aufgestellt, daß die Aufhebung einer Verfügung, durch die Jemand die Fähigkeit oder die Befugniß zur Vornahme eines Rechtsgeschäfts erlangt, auf die Wirksamkeit der inzwischen von ihm vorgenommenen Geschäfte ohne Einfluß ist, und aus dem gleichen Grunde sieht der §. 59 Abs. 2 vor, daß eine Verfügung, durch welche die Zustimmung zu einer Ehelichkeitserklärung ersetzt worden ist, nicht mehr geändert werden kann, wenn die Ehelichkeitserklärung erfolgt ist. Soll demgegenüber den Betheiligten die Möglichkeit gewahrt bleiben, die Aufhebung der im §. 50 Abs. 1 bezeichneten Verfügungen im Wege der Beschwerde herbeizuführen, so läßt sich dies nur durch eine Vorschrift erreichen, welche die Wirksamkeit der Verfügung bis zur Rechtskraft hinausschiebt. Unbedingt kann freilich diese Vorschrift nicht durchgeführt werden, da sonst unter Umständen in dringenden Fällen der Zweck, dem die Verfügungen dienen sollen, vereitelt werden würde. Der Abs. 2 des §. 50 bestimmt deshalb, daß bei Gefahr im Verzuge das Gericht berechtigt ist, die sofortige Wirksamkeit der Verfügung anzuordnen; macht das Gericht von dieser Befugniß Gebrauch, so soll die Verfügung schon mit der Bekanntmachung an den Antragsteller wirksam werden.

Eintragung einer Sicherungshypothek an Grundstücken des Vormundes. (§. 51.)

Das Vormundschaftsgericht kann nach §. 1844 des Bürgerlichen Gesetzbuchs aus besonderen Gründen den Vormund anhalten, für das seiner Verwaltung unterliegende Vermögen Sicherheit zu leisten. Als eine geeignete Form der Sicherheitsleistung kommt namentlich die Bestellung einer Hypothek an Grundstücken des Vormundes in Betracht. Eine solche Hypothek würde nach allgemeinen Grundsätzen nur eingetragen werden können, wenn der Vormund die Eintragung bewilligt hat oder im Falle seiner Weigerung zu der Bewilligung verurtheilt worden ist. Dem Interesse des Mündels wird jedoch hierdurch nicht genügt, da eine Verzögerung der Eintragung den Erfolg leicht vereiteln kann. Der §. 51 Abs. 1 des Entwurfs ertheilt deshalb dem Vormundschaftsgerichte die Befugniß, das Grundbuchamt um die Eintragung einer Sicherungshypothek an Grundstücken des Vormundes zu ersuchen; macht das Gericht von dieser Befugniß Gebrauch, so entsteht die Hypothek mit der Eintragung, ohne daß es der im §. 873 des Bürgerlichen Gesetzbuchs vorgesehenen Einigung der Betheiligten bedarf (zu vergl. Art. 91 des Einführungsgesetzes zum Bürgerlichen Gesetzbuche, §. 39 der Grundbuchordnung, §. 757c der Civilprozeßordnung). Das Vormundschaftsgericht soll jedoch, ehe es das Ersuchen an das Grundbuchamt richtet, den Vormund hören, soweit eine solche Anhörung, insbesondere mit Rücksicht auf die Dringlichkeit der Sache, thunlich ist. Der Vormund erhält damit Gelegenheit, auf Grund des §. 1786 Abs. 1 Nr. 6 und des §. 1889 des Bürgerlichen Gesetzbuchs seine Entlassung zu fordern und dadurch die Eintragung der Hypothek zu vermeiden.

Ueber die Löschung der Sicherungshypothek giebt der Entwurf keine Vorschrift. Das Ersuchen des Vormundschaftsgerichts genügt daher nicht zur Löschung; eine solche Regelung wäre mit den Vorschriften des Bürgerlichen Gesetzbuchs über den Erwerb der Hypothek durch den Eigenthümer des belasteten Grundstücks unvereinbar. Uebrigens wird die Einwilligung des Mündels, die nach allgemeinen Grundsätzen für die Löschung oder für die Umschreibung der Hypothek auf den Namen des Vormundes erforderlich ist, zufolge §. 1844 Abs 2 des Bürgerlichen Gesetzbuchs durch die Einwilligung des Vormundschaftsgerichts ersetzt.

Ebenso wie an Grundstücken des Vormundes hat das Grundbuchamt nach dem Entwurf auch an Grundstücken des

Pflegers oder des Beistandes auf Ersuchen des Vormundschaftsgerichts eine Sicherungshypothek einzutragen (vgl. Bürgerliches Gesetzbuch §. 1693, §. 1915 Abs. 1). Zufolge §. 51 Abs. 2 sollen ferner die für die Eintragung einer Sicherungshypothek getroffenen Bestimmungen auf die Eintragung eines Pfandrechts an einem im Schiffsregister eingetragenen Schiffe entsprechende Anwendung finden.

Unabänderlichkeit bestimmter Verfügungen. (§. 52.)

Nach §. 52 kann eine Verfügung des Vormundschaftsgerichts, durch welche die Genehmigung zu einem Rechtsgeschäft ertheilt oder verweigert wird (zu vergl. beispielsweise Bürgerliches Gesetzbuch §§. 1812, 1821, 1822), von dem Vormundschaftsgericht insoweit nicht mehr geändert werden, als die Genehmigung oder deren Verweigerung einem Dritten gegenüber wirksam geworden ist. Die Vorschrift enthält eine Ausnahme von dem Grundsatze des §. 17 Abs. 1, der dem Gericht eine nachträgliche Aenderung seiner Verfügungen gestattet; sie wird ergänzt durch den §. 59 Abs. 1, der die Befugnisse des Beschwerdegerichts der gleichen Einschränkung unterwirft. Von dem Eintritte der Rechtskraft läßt sich die Wirksamkeit der in Frage stehenden Verfügungen nicht abhängig machen; eine derartige Regelung würde den Rechtsverkehr mit dem Mündel in hohem Grade erschweren. Daher bleibt nichts anderes übrig, als hier von dem Satze auszugehen, daß die Rechtslage Dritter, wie sie sich einmal auf Grund der Ertheilung oder Verweigerung der Genehmigung gestaltet hat, auch für die Zukunft nicht mehr beseitigt werden kann.

Volljährigkeitserklärung. (§. 53.)

Der §. 53 Abs. 1, welcher bestimmt, daß die Volljährigkeitserklärung nur auf Antrag des Minderjährigen oder desjenigen gesetzlichen Vertreters des Minderjährigen erfolgen soll, welchem die Sorge für die Person zusteht, entspricht der Natur der Sache. Die Vorschrift des §. 53 Abs. 2, wonach die Volljährigkeitserklärung erst mit der Rechtskraft wirksam wird, rechtfertigt sich durch die zu §. 50 hervorgehobenen Erwägungen. Auf dem gleichen Standpunkte steht bezüglich des Beschlusses, durch welchen die Entmündigung wieder aufgehoben wird, schon der §. 619 Abs. 3 der Civilprozeßordnung.

Beschwerde. (§§. 54 bis 61.)

Die §§. 54 bis 61 haben die Beschwerde in Vormundschaftssachen zum Gegenstande.

Der §. 19, wonach die Beschwerde Jedem zusteht, dessen Recht durch die Verfügung beeinträchtigt wird, leistet für die Vormundschaftssachen dem praktischen Bedürfnisse nicht vollständig Genüge. In den §§. 54 bis 56 sind deshalb über die Befugniß zur Erhebung der Beschwerde einzelne besondere Bestimmungen getroffen. Neben letzteren bleibt übrigens der §. 19 als Regel bestehen. Diese allgemeine Regel führt unter Anderem dahin, daß gegen eine Verfügung, durch welche die Einsetzung eines Familienraths abgelehnt wird, außer den im §. 54 Nr. 4 erwähnten Verwandten und Verschwägerten des Mündels auch der Gegenvormund, der gemäß §. 1859 Abs. 1 des Bürgerlichen Gesetzbuchs die Einsetzung eines Familienraths beantragt hat, eben vermöge seines Antragsrechts die Beschwerde erheben kann. Vor allem aber folgt aus §. 19, daß das unter elterlicher Gewalt stehende Kind und der unter Vormundschaft stehende Mündel, da die vormundschaftliche Verwaltung ihrem Schutze dient, gegen jede Verfügung, durch die sie sich verletzt erachten, die Beschwerde einlegen können.

Das dem Mündel zustehende Beschwerderecht wird nach allgemeinen Grundsätzen durch den Vormund und, soweit der Vormund verhindert ist, gemäß §. 1909 des Bürgerlichen Gesetzbuchs durch einen Pfleger ausgeübt. Der §. 56 des Entwurfs bestimmt aber zu Gunsten des Mündels außerdem, daß dieser, falls er das vierzehnte Lebensjahr vollendet hat und nicht wegen Geisteskrankheit geschäftsunfähig ist, in allen seine Person betreffenden Angelegenheiten die Beschwerde selbständig, ohne Mitwirkung des gesetzlichen Vertreters, einlegen kann; auch den Kindern unter elterlicher Gewalt räumt der Entwurf die gleiche Befugniß ein. Der Mündel oder das unter elterlicher Gewalt stehende Kind hat demzufolge insbesondere dann ein selbständiges Beschwerderecht, wenn ihm gegenüber ein Antrag auf Ersetzung der Einwilligung zur Eheschließung oder der Genehmigung einer anfechtbaren Ehe oder auf Abänderung der von den Eltern hinsichtlich der Gewährung des Unterhalts getroffenen Bestimmung zurückgewiesen, die Unterbringung in eine Erziehungs- oder Besserungsanstalt angeordnet, die Volljährigkeitserklärung ausgesprochen oder abgelehnt worden ist (zu vergl. Bürgerliches Gesetzbuch §§. 3, 1308, §. 1337 Abs. 1, §§. 1612, 1666, 1838). Ebenso ist auf Grund des §. 56 die minderjährige Ehefrau in der Lage, gegen eine Verfügung, durch welche das Vormundschaftsgericht den Antrag auf Wiederherstellung der Schlüsselgewalt zurückgewiesen hat (Bürgerliches Gesetzbuch §. 1357

Abs. 2), die Beschwerde einzulegen. Den Angelegenheiten, welche die Person des Mündels betreffen, werden im §. 56 weiterhin alle Angelegenheiten gleichgestellt, in denen nach dem Bürgerlichen Gesetzbuche (§. 1827) der Mündel vor einer Entscheidung gehört werden soll. Davon, daß die Anhörung thatsächlich unterblieben ist, macht der Entwurf das selbständige Beschwerderecht nicht abhängig, und zwar mit Rücksicht darauf, daß es sich in den betreffenden Fällen um besonders eingreifende Verfügungen handelt. Aus diesem Grunde erscheint es auch richtig, die selbständige Verfolgung des Rechtsmittels selbst dann zuzulassen, wenn der Mündel bei seiner Anhörung der Verfügung zugestimmt, seine Ueberzeugung aber nachträglich geändert hat.

Der §. 57 Abs. 1 des Entwurfs zählt die Verfügungen auf, gegen die nur die sofortige Beschwerde stattfindet. Bei den unter Nr. 1 bis 5 bezeichneten Verfügungen erscheint eine zeitliche Beschränkung der Beschwerde deshalb geboten, weil sie die Grundlage für die gesammte vormundschaftliche Verwaltung oder doch für die Thätigkeit des einzelnen Vormundes, Pflegers oder Beistandes bilden. Was aber die Nr. 6 betrifft, so liegt es in der Natur der Sache, daß gegen Verfügungen, deren Wirksamkeit erst mit der Rechtskraft eintritt, lediglich die sofortige Beschwerde zulässig ist.

Die Beschwerdefrist beginnt nach §. 21 Abs. 1 regelmäßig mit dem Zeitpunkt, in welchem die Verfügung dem Beschwerdeführer bekannt gemacht worden ist. Diese Vorschrift ist jedoch unzureichend, wenn es sich um eine Verfügung handelt, durch welche ein als Vormund, Pfleger, Gegenvormund, Beistand oder Mitglied des Familienraths Berufener übergangen wird (Bürgerliches Gesetzbuch §§. 1694, 1776, 1778, §. 1792 Abs. 4, §§. 1861, 1897 bis 1900, 1915 bis 1917). Denn dem Uebergangenen wird hier, sofern er nicht seine Ernennung zum Vormunde, Pfleger u. s. w. bei dem Vormundschaftsgerichte selbst beantragt hatte, die Verfügung, durch welche er übergangen und ein anderer an seiner Stelle ernannt ist, in der Regel nicht bekannt gemacht werden (zu vergl. die preußische Vormundschaftsordnung §. 18). Aehnliche Schwierigkeiten ergeben sich in dem Falle, daß der Familienrath durch eine Verfügung des Vormundschaftsgericht aufgehoben wird. Nach dem Bürgerlichen Gesetzbuche (§. 1879, §. 1881 Abs. 2) werden von dieser Verfügung nur die bisherigen Mitglieder, der Vormund und der Gegenvormund in Kenntniß gesetzt, während gemäß §. 54

Nr. 4 des Entwurfs die Beschwerde gegen die Verfügung jedem Verwandten oder Verschwägerten des Mündels zusteht. Der §. 57 Abs. 2 bestimmt mit Rücksicht hierauf, daß im Falle der Uebergehung eines als Vormund u. s. w. Berufenen die Frist mit dem Zeitpunkte beginnt, in welchem der Beschwerdeführer von seiner Uebergehung Kenntniß erlangt, und daß im Falle der Aufhebung eines Familienraths für alle Beschwerdeberechtigten der Zeitpunkt maßgebend ist, in welchem das Vormundschaftsgericht die bisherigen Mitglieder des Familienraths von der Aufhebung in Kenntniß setzt.

Wird eine Verfügung, durch welche das Vormundschaftsgericht einen Volljährigen unter vorläufige Vormundschaft stellt, von dem Beschwerdegericht aufgehoben, so kann nach §. 58 des Entwurfs die Wirksamkeit der von oder gegenüber dem Volljährigen vorgenommenen Rechtsgeschäfte nicht auf Grund der aufgehobenen Verfügung in Frage gestellt werden. Diese Vorschrift entspricht den Bestimmungen, die im §. 115 Abs. 1 Satz 1, Abs. 2 des Bürgerlichen Gesetzbuchs für den Fall der Aufhebung eines ungerechtfertigten Entmündigungsbeschlusses sowie für den Fall einer auf Grund des §. 1908 daselbst eintretenden Beendigung der vorläufigen Vormundschaft getroffen sind. Daß die Aufhebung der vorläufigen Vormundschaft durch das Beschwerdegericht auf die Wirksamkeit der inzwischen von dem Vormunde vorgenommenen Rechtsgeschäfte ohne Einfluß ist (zu vergl. Bürgerliches Gesetzbuch §. 115 Abs. 1 Satz 2), ergiebt sich schon aus dem allgemeinen Grundsatze des §. 31 und braucht daher im §. 58 nicht besonders herhorgehoben zu werden.

Hinsichtlich des §. 59, der dem Beschwerdegerichte für gewisse Fälle die Befugniß entzieht, die Entscheidung des Vormundschaftsgerichts abzuändern, darf auf die Bemerkungen zu den §§. 50, 52 verwiesen werden (S. 32 bis 35).

Die Schlußvorschriften des zweiten Abschnitts bedürfen keiner näheren Begründung. Der §. 60 dehnt, entsprechend dem Grundsatze des §. 28 Abs. 4, die für die Beschwerde in Vormundschaftssachen getroffenen Bestimmungen auf die weitere Beschwerde aus, und der §. 61 regelt den Instanzenzug für die im §. 1878 Abs. 2 des Bürgerlichen Gesetzbuchs vorgesehenen besonderen Fälle, in denen nicht das Vormundschaftsgericht, sondern das ihm im Instanzenzuge vorgeordnete Gericht die erste Instanz bildet.

Dritter Abschnitt.

Annahme an Kindesstatt.

Zuständigkeit. (§§ 62, 63.)

Nach den §§. 1741, 1770 des Bürgerlichen Gesetzbuchs bedarf der Vertrag, durch welchen Jemand an Kindesstatt angenommen oder das durch die Annahme an Kindesstatt begründete Rechtsverhältniß wieder aufgehoben wird, der Bestätigung durch das zuständige Gericht. Soweit die Landesgesetze schon gegenwärtig die Wirksamkeit der Annahme an Kindesstatt von einer solchen Bestätigung abhängig machen, haben sie überwiegend die Bestätigung den Amtsgerichten übertragen (zu vergl. preußisches Allgemeines Landrecht II. 2 §. 667 nebst der Verordnung vom 2. Januar 1849 §. 14 und dem Ausführungsgesetze zum Gerichtsverfassungsgesetze vom 24. April 1878 §§. 26 bis 28, bayerisches Ausführungsgesetz zum Gerichtsverfassungsgesetze vom 23. Februar 1879 Art. 15). Der §. 62 des Entwurfs weist diese Thätigkeit gleichfalls den Amtsgerichten zu. Ein Bedenken hiergegen besteht um so weniger, als nach §. 1754 des Bürgerlichen Gesetzbuchs das Gericht nicht zu untersuchen hat, ob die Annahme an Kindesstatt den Betheiligten förderlich ist, seine Thätigkeit sich vielmehr auf die Prüfung der gesetzlichen Voraussetzungen beschränkt.

Was die örtliche Zuständigkeit betrifft, so erklärt der §. 63 Abs. 1 nach dem Vorgange des preußischen Rechtes zunächst das Gericht, in dessen Bezirke der Annehmende seinen Wohnsitz hat, mangels eines inländischen Wohnsitzes aber das Gericht des Aufenthaltsorts für zuständig. Ist der Annehmende ein Deutscher und hat er im Inlande weder Wohnsitz noch Aufenthalt, so sollen nach §. 63 Abs. 2 auf die Zuständigkeit die im §. 33 Abs. 2 für die Vormundschaft getroffenen Bestimmungen entsprechende Anwendung finden. Die Annahme an Kindesstatt durch einen Ausländer, der im Inlande weder Wohnsitz noch Aufenthalt hat, ist vom Entwurfe nicht berücksichtigt. Ein praktisches Bedürfniß in dieser Richtung ist selbst dann zu verneinen, wenn angenommen werden sollte, daß nach den Grundsätzen des internationalen Privatrechts (zu vergl. Art. 22 des Einführungsgesetzes zum Bürgerlichen Gesetzbuche) die Mitwirkung deutscher Gerichte bei der Annahme an Kindesstatt durch einen Ausländer nicht ohne Weiteres ausgeschlossen sei.

Beginn der Wirksamkeit des Bestätigungsbeschlusses. Unabänderlichkeit. Rechtsmittel. (§§. 64, 65.)

Nach §. 1754 des Bürgerlichen Gesetzbuchs tritt die Annahme an Kindesstatt mit der Bestätigung in Kraft, und das Gleiche gilt nach §. 1770 für die Wiederaufhebung des durch die Annahme begründeten Rechtsverhältnisses. In Ergänzung dieser Bestimmungen sieht der §. 64 Abs. 1 des Entwurfs vor, daß die Verfügung, durch welche die Bestätigung ertheilt wird mit der Bekanntmachung an den Annehmenden in Wirksamkeit tritt, und zwar gilt dies in gleicher Weise für alle Betheiligte. Ist die Bestätigung noch nach dem Tode des Annehmenden zulässig (Bürgerliches Gesetzbuch §. 1753 Abs. 2, §. 1770), so wird zufolge §. 64 Abs. 2 Satz 1 der Bestätigungsbeschluß mit der Mittheilung an das Kind wirksam. Dabei ergiebt sich aus allgemeinen Grundsätzen, daß, wenn das Kind in der Geschäftsfähigkeit beschränkt ist, nicht die Bekanntmachung an das Kind selbst, sondern die Bekanntmachung an den gesetzlichen Vertreter entscheidet. Zu einer abweichenden Regelung liegt kein Anlaß vor. Zwar kann der Vertrag über die Annahme oder über die Wiederaufhebung der Annahme, sofern das Kind das vierzehnte Lebensjahr vollendet hat, nur von diesem selbst und nicht von seinem gesetzlichen Vertreter geschlossen werden, aber das Kind bedarf, falls es in der Geschäftsfähigkeit beschränkt ist, zum Abschlusse des Vertrags doch immer der Zustimmung des gesetzlichen Vertreters (Bürgerliches Gesetzbuch §§. 1750, 1751). Für den Fall, daß nach dem Tode des Kindes gemäß §. 1769 des Bürgerlichen Gesetzbuchs das zwischen den sonstigen Betheiligten bestehende Rechtsverhältniß aufgehoben wird und die Bestätigung erst nach dem Tode des Annehmenden erfolgt, läßt der Entwurf (§. 64 Abs. 2 Satz 2) den Bestätigungsbeschluß erst wirksam werden, wenn er den sämmtlichen übrigen Betheiligten bekannt gemacht worden ist.

In Ermangelung einer besonderen Vorschrift wäre gemäß §. 17 Abs. 1 das Gericht, welches die Annahme an Kindesstatt oder die Wiederaufhebung der Annahme bestätigt hat, befugt, seinen Beschluß nachträglich rückgängig zu machen. Die hieraus für die Rechtsstellung des Kindes sich ergebende Unsicherheit würde aber dem Zwecke, welchen das Bürgerliche Gesetzbuch mit dem Erfordernisse der gerichtlichen Bestätigung verfolgt, nicht entsprechen, und der §. 64 Abs. 3 des Entwurfs entzieht deshalb dem Gerichte die Befugniß, den Bestätigungsbeschluß zu ändern. Aus demselben Grunde erklärt der Entwurf auch eine Beschwerde gegen den Bestätigungsbeschluß für unstatthaft (§. 65 Abs. 1). Gegen den Beschluß, durch welchen die Bestätigung versagt wird, ist nach dem Entwurfe nur die sofortige Beschwerde zulässig, und zwar unter Ausschluß der Wiedereinsetzung in den vorigen Stand (§. 65 Abs. 2 Satz 1, 3). Diese Regelung ist schon deshalb geboten, weil das Bürgerliche Gesetzbuch (§. 1754 Abs. 2, §. 1770) bestimmt, daß der Vertrag, durch welchen Jemand an Kindesstatt angenommen oder das durch die Annahme begründete Rechtsverhältniß wieder aufgehoben wird, seine Kraft verliert, wenn die Bestätigung endgültig versagt ist. Die Wirkung, die hiernach das Bürgerliche Gesetzbuch mit der endgültigen Ablehnung der Bestätigung verbindet, führt auch von selbst dahin, das Beschwerderecht gegenüber dem ablehnenden Beschlusse jedem der Vertragschließenden einzuräumen, ohne Rücksicht darauf, von wem die Bestätigung beantragt worden war. Eine dahingehende Bestimmung ist im §. 65 Abs. 2 Satz 2 getroffen. Diese Bestimmung stellt zugleich außer Zweifel, daß der Antrag eines Vertragschließenden genügt, um den Bestätigungsbeschluß zu erlassen. Ein Antrag aller Vertragschließenden braucht nicht verlangt zu werden, da sie an den Vertrag bis zur endgültigen Versagung der Bestätigung gleichmäßig gebunden sind.

Um die Möglichkeit einer wiederholten Aenderung der Rechtsstellung des Kindes auszuschließen, ist im Schlußsatze des §. 65 noch bestimmt, daß das Beschwerdegericht nicht befugt ist, vor seiner Entscheidung gemäß §. 23 Abs. 3 einstweilige Anordnungen zu treffen oder seiner Entscheidung nach §. 25 Satz 2 sofortige Wirksamkeit beizulegen.

Vierter Abschnitt.

Personenstand.

Zuständigkeit. (§. 66.)

Das Gesetz über die Beurkundung des Personenstandes und die Eheschließung vom 6. Februar 1875 (§§. 11, 66) hat die Entscheidung über den Antrag eines Betheiligten, den Standesbeamten zur Vornahme einer von diesem abgelehnten Amtshandlung anzuweisen, sowie die Entscheidung darüber, ob die Berichtigung einer Eintragung in dem Standesregister erfolgen soll, dem Gericht erster Instanz übertragen und dabei bestimmt, daß für das Verfahren in diesen Angelegenheiten, soweit nicht die Landesgesetze ein Anderes vorschreiben, die für Sachen der nichtstreitigen Gerichtsbarkeit geltenden Vorschriften maßgebend sind. Durch den §. 14 Abs. 2 des genannten Gesetzes ist dem Gericht erster Instanz außerdem die Aufbewahrung des Nebenregisters übertragen. Die Bestimmung darüber, welche Gerichte in jedem Bundesstaate als Gerichte erster Instanz zuständig sein sollen, hat der §. 84 jenes Gesetzes der Zentralbehörde des einzelnen Bundesstaates überlassen. Auf Grund dieser Vorschrift sind die nach den §§. 11, 66 dem Gericht erster Instanz obliegenden Verrichtungen in Preußen, der bayerischen Pfalz, Elsaß-Lothringen und Waldeck den Landgerichten, in den übrigen Theilen des Reichs den Amtsgerichten zugewiesen. Die Aufbewahrung des Nebenregisters ist dagegen, abgesehen von dem Bezirke des preußischen Oberlandesgerichts zu Cöln, der bayerischen Pfalz und Elsaß-Lothringen, wo auch in dieser Hinsicht die Landgerichte zuständig sind, überall den Amtsgerichten übertragen.

Nach Durchführung der einheitlichen Gerichtsorganisation fehlt es an einem Grunde dafür, daß die Zuständigkeit für die Angelegenheiten, welche durch die §§. 11, 66 des bezeichneten Gesetzes den Gerichten erster Instanz übertragen sind, in den einzelnen Bundesstaaten verschieden geordnet ist. Der Entwurf (§. 66) entscheidet sich im Anschluß an seine sonstigen Vorschriften auch hier für die Amtsgerichte. Diese Regelung ist um so unbedenklicher, als nach den Bestimmungen des ersten Abschnitts gegen die Verfügung des Amtsgerichts die Beschwerde an das Landgericht und gegen dessen Entscheidung die weitere Beschwerde an das Oberlandesgericht oder das Reichsgericht stattfindet. Für die Aufbewahrung der Nebenregister sollen nach §. 66 gleichfalls die Amtsgerichte zuständig sein; jedoch ist mit Rücksicht auf die bestehenden Einrichtungen in die Schlußbestimmungen ein Vorbehalt aufgenommen worden, wonach die Landesjustizverwaltung anordnen kann, daß die Aufbewahrung bei den Landgerichten erfolgt (§. 193). Die Regelung der Frage, inwieweit die mit der Aufbewahrung des Nebenregisters zusammenhängenden Geschäfte auch von den Gerichtsschreibern erledigt werden können (zu vergl. §. 15 Absatz 2 des Personenstandsgesetzes), ist der in Aussicht genommenen Revision der Ausführungsverordnung des Bundesraths zum Personenstandsgesetze vorbehalten.

Selbstverständlich wird durch den §. 66 des Entwurfs, wie sich aus der Verweisung auf den §. 66 des Personenstandsgesetzes ergiebt, die Befugniß des für das Berichtigungsverfahren zuständigen Gerichts, geeignetenfalls den Antragsteller auf den Prozeßweg zu verweisen, nicht berührt.

Bezüglich der örtlichen Zuständigkeit der Gerichte bewendet es bei den bestehenden Vorschriften (zu vergl. §. 11 Abs. 3 des Personenstandsgesetzes).

Beschwerde. (§. 67).

Der §. 67 des Entwurfs sieht vor, daß gegen eine Verfügung, durch welche die Berichtigung einer Eintragung in dem Standesregister angeordnet wird, die sofortige Beschwerde stattfindet und daß eine solche Verfügung erst mit der Rechtskraft in Wirksamkeit tritt. Hierdurch wird vermieden, daß die Berichtigung vorzeitig erfolgt, demnächst aber auf Grund einer Anordnung des Gerichts erster Instanz (§. 17) oder auf Grund einer abweichenden Entscheidung des Beschwerdegerichts wieder geändert werden muß.

Randvermerke, Antragsrecht der Notare. (§. 68.)

Der §. 26 des Personenstandsgesetzes bestimmt, daß, wenn die Feststellung der Abstammung eines Kindes erst nach der Eintragung des Geburtsfalles erfolgt oder die Standesrechte durch Legitimation, Annahme an Kindesstatt oder in anderer Weise eine Veränderung erleiden, dieser Vorgang, sofern er durch öffentliche Urkunden nachgewiesen wird, auf Antrag eines Betheiligten am Rande der über den Geburtsfall vorgenommenen Eintragung vermerkt werden soll. Ist ein derartiger Vorgang von einem Notar beurkundet (zu vergl. §§. 1720, 1730, 1750 des Bürgerlichen Gesetzbuches), so liegt es im Interesse der Sache, daß dem Notar die Befugniß beigelegt wird, im Namen eines Betheiligten, dessen Erklärung von ihm beurkundet worden ist, auf Grund dieser Beurkundung die Eintragung des Vermerkes in das Standesregister zu beantragen. Der Entwurf trifft eine dahin gehende Bestimmung im §. 68. Eine entsprechende Bestimmung findet sich schon im §. 15 der Grundbuchordnung und ist von dem Entwurf auch für andere ähnlich liegende Fälle vorgesehen (zu vergl. §. 96 Abs. 2 Satz 2, §§. 125, 155, 157).

Fünfter Abschnitt.

Nachlaß- und Theilungssachen.

Zuständigkeit. (§§. 69 bis 71.)

Das Bürgerliche Gesetzbuch setzt bei der Regelung des Erbrechts in mehrfacher Beziehung die Mitwirkung eines Nachlaßgerichts voraus. Unter Anderem hat das Nachlaßgericht für die Sicherung des Nachlasses vor der Annahme der Erbschaft, insbesondere durch Bestellung eines Nachlaßpflegers, zu sorgen (§. 1960), es hat gegebenenfalls eine Nachlaßverwaltung zum Zwecke der Befriedigung der Nachlaßgläubiger anzuordnen (§§. 1975 ff.) sowie auf Antrag dem Erben eine Inventarfrist zu bestimmen (§§ 1994 ff.). Von dem Nachlaßgerichte wird ferner der Erbschein ausgestellt (§§. 2353 ff.) und gewisse Erklärungen der Betheiligten, namentlich solche, die sich auf die Ausschlagung der Erbschaft beziehen, sind ihm gegenüber abzugeben (zu vergl. §§. 1945, 1955, 2081, 2202, 1342, 1597). Die Frage, welches Gericht die Obliegenheiten des Nachlaßgerichts zu erfüllen hat, entscheidet das Bürgerliche Gesetzbuch nicht. Es kann aber nicht zweifelhaft sein, daß diese Verrichtungen im Anschluß an das im größten Theile Deutschlands geltende Recht den Amtsgerichten zu übertragen sind (Entwurf §. 69), allerdings unbeschadet der im Art. 147 des Einführungsgesetzes zum Bürgerlichen Gesetzbuche der Landesgesetzgebung eingeräumten Befugniß, mit den Geschäften des Nachlaßgerichts andere als gerichtliche Behörden zu betrauen. Dem bisherigen Rechte sowie der Natur der Sache entspricht es auch, wenn der § 70 Abs. 1 des Entwurfs zunächst das Amtsgericht für zuständig erklärt, in dessen Bezirke der Erblasser zur Zeit des Erbfalls seinen Wohnsitz oder in Ermangelung eines inländischen Wohnsitzes seinen Aufenthalt hatte. Die Bestimmungen, die nach §. 70 Abs. 2 zur Anwendung kommen sollen, wenn der Erblasser ein Deutscher war und zur Zeit des Erbfalls im Inlande weder Wohnsitz noch Aufenthalt hatte, schließen sich den für die Vormundschaft im §. 33 Abs. 2 aufgestellten Grundsätzen an. Die Vorschrift des §. 70 Abs. 3 regelt den Gerichtsstand für die Fälle, in denen nach dem internationalen Privatrechte der im Inlande befindliche Nachlaß eines Ausländers dem inländischen Rechte unterliegt, es aber an einem nach § 70 Abs. 1 zuständigen deutschen Gerichte fehlt.

Eine Ausnahme von der Regel, wonach sich die Zuständigkeit in erster Reihe nach dem letzten Wohnsitze des Erblassers richtet, sieht der §. 71 vor, indem er bestimmt, daß für die Sicherung des Nachlasses (Bürgerliches Gesetzbuch §§. 1960, 1961) jedes Amtsgerichts zuständig ist, in dessen Bezirke das Bedürfniß der Fürsorge hervortritt. Bei den hier in Betracht kommenden Maßnahmen handelt es sich vor allem darum, daß sie ohne Verzug erfolgen.

Nachlaßpflegschaft. (§§. 72, 73.)

Nach §. 72 des Entwurfs sollen auf die Nachlaßpflegschaft, unbeschadet der Vorschriften über die Zuständigkeit des Nachlaßgerichts, die für die Vormundschaftssachen geltenden Bestimmungen Anwendung finden. Demgemäß greifen die Vorschriften des zweiten Abschnitts, soweit sie sich nicht auf die Zuständigkeit, sondern auf das Verfahren beziehen, auch bei der Nachlaßpflegschaft Platz. Es entspricht dies dem Standpunkte des Bürgerlichen Gesetzbuchs, welches die Nachlaßpflegschaft den sonstigen Pflegschaften mit der Maßgabe gleichstellt, daß an die Stelle des Vormundschaftsgerichts das Nachlaßgericht tritt (§. 1962). Die Zuständigkeit für die Nachlaßpflegschaft bestimmt sich nach den §§. 69 bis 71. Doch gewährt der Schlußsatz des §. 72 dem hiernach örtlich zuständigen Nachlaßgerichte die Möglichkeit, die Pflegschaft nach Maßgabe des §. 43 an ein anderes an sich nicht zuständiges Gericht zu übertragen; diese Befugniß gewinnt namentlich dann Bedeutung, wenn es sich um eine Pflegschaft für eine Erbschaft handelt, die in der Hauptsache aus Grundstücken besteht, und die Grundstücke nicht in dem Bezirke des Gerichts liegen, in welchem der Erblasser seinen letzten Wohnsitz hatte.

Einiger besonderer Bestimmungen bedarf es für die Nachlaßverwaltung, d. h. für die Nachlaßpflegschaft zum Zwecke der Befriedigung der Nachlaßgläubiger (Bürgerliches Gesetzbuch §§. 1975 ff.). Mit dem Interesse der Rechtssicherheit wäre es unvereinbar, wenn die Rechtmäßigkeit einer Verfügung, durch welche eine Nachlaßverwaltung angeordnet ist, von den Betheiligten jederzeit im Wege der Einlegung eines Rechtsmittels in Frage gestellt werden könnte. Das Beschwerderecht gegenüber einer solchen Verfügung muß daher in geeigneter Weise eingeschränkt werden. Ist die Nachlaßverwaltung auf Antrag des Erben angeordnet, so soll nach §. 73 Abs. 1 die Beschwerde überhaupt unzulässig sein. Allerdings ist die Anordnung, wenn eine den Kosten entsprechende Masse nicht vorhanden ist, geeignet, das Recht der Gläubiger auf Befriedigung aus dem Nachlasse zu beeinträchtigen (zu vergl. Bürgerliches Gesetzbuch § 1982, § 1990 Abs. 1). Das Interesse, welches die Nachlaßgläubiger aus diesem Grunde an der Beseitigung der Nachlaßverwaltung haben, ist jedoch nicht erheblich genug, um ihnen ein Beschwerderecht einzuräumen. Für den Fall, daß mehrere Erben vorhanden sind und die Nachlaßverwaltung entgegen dem §. 2062 des Bürgerlichen Gesetzbuchs auf den Antrag nur eines oder einzelner von ihnen angeordnet ist, muß es selbstverständlich den übrigen Erben unbenommen bleiben, die Anordnung der Nachlaßverwaltung anzufechten; eine besondere Vorschrift in dieser Beziehung erscheint indessen gegenüber der Fassung des §. 73 Absatz 1 entbehrlich. Die Erwägungen, auf denen der Ausschluß des Beschwerderechts der Gläubiger gegen die von dem Erben beantragte Nachlaßverwaltung beruht, müssen auch dazu führen, die Beschwerde gegen eine Verfügung, durch welche auf Antrag eines Nachlaßgläubigers die Nachlaßverwaltung angeordnet wird, den übrigen Gläubigern zu versagen. Dagegen darf angesichts der weitreichenden Folgen, welche mit der Nachlaßverwaltung für den Erben verbunden sind (Bürgerliches Gesetzbuch §. 1984), diesem die Befugniß nicht entzogen werden, eine Nachlaßverwaltung, die nicht auf seinen Antrag eingeleitet ist, anzufechten. Der Entwurf (§. 73 Abs. 2) gewährt deshalb dem Erben, bei Miterben jedem Erben, gegen eine Verfügung, durch welche dem Antrag eines Nachlaßgläubigers auf Anordnung der Nachlaßverwaltung stattgegeben wird, das Recht der sofortigen Beschwerde. Das gleiche Recht räumt er auch dem Testamentsvollstrecker ein, welchem die Verwaltung des Nachlasses zusteht. Die Frist zur Einlegung der Beschwerde beginnt gemäß der Regel des §. 21 Abs. 1 mit dem Zeitpunkt, in welchem dem Beschwerdeführer die Verfügung bekannt gemacht worden ist.

Was die dem Nachlaßverwalter nach § 1987 des Bürgerlichen Gesetzbuchs zukommende Vergütung betrifft, so ergiebt sich schon aus den §§. 1915, 1962 in Verbindung mit dem § 1836 Abs. 1 Satz 2 des Bürgerlichen Gesetzbuchs, daß diese Vergütung von dem Nachlaßgerichte festzusetzen ist. Einer besonderen den Prozeßweg ausschließenden Vorschrift, wie sie für andere Fälle der §. 161 Abs. 2 des Entwurfs enthält, bedarf es daher nicht.

Inventarfrist. (§. 74.)

Nach § 74 Abs. 1, 2 des Entwurfs soll gegenüber den Verfügungen, durch welche das Nachlaßgericht dem Erben eine Inventarfrist bestimmt oder über die Bestimmung einer neuen Inventarfrist oder über den Antrag des Erben auf Verlängerung der Inventarfrist entscheidet (Bürgerliches Gesetzbuch §§. 1994 bis 1996, §. 2005 Abs. 2), nur die sofortige Beschwerde stattfinden. Die zeitliche Begrenzung des Beschwerderechts ist hier erforderlich, um für die Frage, ob der Erbe den Nachlaßgläubigern nur mit dem Nachlasse oder mit seinem ganzen Vermögen haftet, eine sichere Grundlage zu schaffen. Da eine Bekanntmachung der bezüglichen Entscheidungen an die sämmtlichen Nachlaßgläubiger der Natur der Sache nach unausführbar ist, so bestimmt der § 74 Abs. 3, daß die Frist zur Einlegung der Beschwerde für jeden dieser Gläubiger mit dem Zeitpunkte beginnt, in welchem die Verfügung demjenigen unter ihnen bekannt gemacht worden ist, welcher die Bestimmung der Inventarfrist beantragt hatte. Diese Regelung entspricht auch dem Standpunkte des Bürgerlichen Gesetzbuchs, daß die Wirkungen der auf Antrag eines Gläubigers bestimmten Inventarfrist für alle Gläubiger eintreten. Uebrigens kommt die Vorschrift des §. 19 Abs. 2 des Entwurfs auch hier zur Geltung. Daher steht, wenn die nach §. 2005 Abs. 2 des Bürgerlichen Gesetzbuchs von einem Gläubiger beantragte Bestimmung einer neuen Inventarfrist zurückgewiesen worden ist, die Beschwerde nur dem Antragsteller zu. Wird auf Antrag des Erben eine neue Inventarfrist bestimmt oder die Inventarfrist verlängert, so ist für die Nachlaßgläubiger hinsichtlich des Beginns der Beschwerdefrist die Mittheilung der Verfügung an denjenigen Gläubiger maßgebend, auf dessen Antrag die ursprüngliche Frist gesetzt worden ist. Dem Erben gegenüber bewendet es in allen Fällen bei der Regel des §. 15 Abs. 1, wonach die Beschwerdefrist zu laufen beginnt, sobald die Verfügung dem Beschwerdeführer bekannt gemacht worden ist.

Akteneinsicht im Falle des §. 1964 B. G. B. (§. 75.)

Der §. 75 des Entwurfs verpflichtet das Nachlaßgericht, falls es gemäß §. 1964 des Bürgerlichen Gesetzbuchs festgestellt hat, daß ein anderer Erbe als der Fiskus nicht vorhanden ist, die Einsicht der dieser Feststellung vorausgegangenen Ermittelungen Jedem zu gestatten, der ein rechtliches Interesse glaubhaft macht. Die Vorschrift entspricht den Bestimmungen, die in den Schlußsätzen des §. 1953 und des §. 1957 des Bürgerlichen Gesetzbuchs getroffen sind.

Offenbarungseid des Erben. (§. 76.)

Der §. 76 enthält Vorschriften über die Terminsbestimmung und Ladung behufs der Abnahme des Offenbarungseides, den ein Erbe gemäß §. 2006 des Bürgerlichen Gesetzbuchs vor dem Nachlaßgerichte zu leisten hat. Das Verfahren bei der Abnahme des Eides selbst richtet sich zufolge der allgemeinen Vorschrift des §. 14 nach den §§. 440 bis 446 der Civilprozeßordnung.

Fristbestimmung bei Wahlvermächtnissen ꝛc. (§. 77.)

Hat ein Erblasser Mehrere derart mit einem Vermächtnisse bedacht, daß der Beschwerte oder ein Dritter zu entscheiden hat, wer das Vermächtniß erhalten soll, so kann nach §. 2151 des Bürgerlichen Gesetzbuchs das Nachlaßgericht dem Beschwerten oder dem Dritten auf Antrag eines der Betheiligten eine Frist zur Abgabe der Erklärung mit der Wirkung setzen, daß nach dem fruchtlosen Ablaufe der Frist die Bedachten Gesammtgläubiger werden. In ähnlicher Weise sieht das Bürgerliche Gesetzbuch für den Fall eines Vermächtnisses an mehrere Personen, bei welchen der Beschwerte oder ein Dritter zu bestimmen hat, was jeder von dem vermachten Gegenstande erhalten soll, die Festsetzung einer Frist durch das Nachlaßgericht vor (§. 2153). Nach den §§. 2154, 2155 hat ferner, wenn der Erblasser bei einem Vermächtnisse die Wahl unter mehreren Gegenständen, von denen der Bedachte nur den einen oder den anderen erhalten soll, einem Dritten übertragen oder wenn er die vermachte Sache nur der Gattung nach bestimmt hat, gegebenen Falles das Nachlaßgericht für die Auswahl des Gegenstandes eine Frist zu bestimmen, nach deren fruchtlosem Ablaufe das Wahlrecht auf den Beschwerten übergeht. Auch für Auflagen, deren Inhalt nicht genau feststeht, sind im Bürgerlichen Gesetzbuch entsprechende Vorschriften getroffen (§§. 2192, 2193). Endlich erlischt nach §. 2198 Abs. 2 des Bürgerlichen Gesetzbuchs, falls der Erblasser die Bestimmung der Person des Testamentsvollstreckers einem Dritten überlassen hat, das Bestimmungsrecht des Dritten mit dem Ablauf einer ihm auf Antrag eines Betheiligten von dem Nachlaßgerichte gesetzten Frist. Den bezeichneten Vorschriften liegt gemeinsam der Gedanke zu Grunde, daß die Betheiligten ein berechtigtes Interesse daran haben, innerhalb eines angemessenen Zeitraumes in den hervorgehobenen Beziehungen Gewißheit zu erhalten. Dieser Zweck würde aber vereitelt werden, wenn die Verfügung, durch welche das Nachlaßgericht dem Beschwerten oder dem Dritten eine Frist zur Erklärung setzt, jederzeit wieder abgeändert werden könnte. Der §. 77 des Entwurfs läßt deshalb gegen eine solche Verfügung nur die sofortige Beschwerde zu.

Testamentsvollstrecker. (§§. 78, 79.)

Das Bedürfniß, feste Rechtsverhältnisse zu schaffen, rechtfertigt auch die Vorschrift des §. 78, derzufolge gegen eine Verfügung, durch welche nach den §§. 2200, 2227 des Bürgerlichen

Gesetzbuchs vom Nachlaßgericht ein Testamentsvollstrecker ernannt oder gegen seinen Willen entlassen wird, sowie gegen eine Verfügung, durch die das Nachlaßgericht einem zum Testamentsvollstrecker Ernannten gemäß §. 2202 eine Frist zur Erklärung über die Annahme des Amtes bestimmt, nur die sofortige Beschwerde zulässig ist (zu vergl. §. 57 des Entwurfs).

Der §. 79 Abs. 1 des Entwurfs, der jedem von mehreren ihr Amt gemeinschaftlich führenden Testamentsvollstreckern gegen die in den §§. 2216 und 2224 des Bürgerlichen Gesetzbuchs vorgesehenen Entscheidungen des Nachlaßgerichts ein selbständiges Beschwerderecht einräumt, schließt sich den im §. 55 für Vormundschaften und Pflegschaften getroffenen Bestimmungen an. Ebenso überträgt der Abs. 2 des §. 79 einen im §. 50 für Vormundschaftssachen aufgestellten Grundsatz auf die Nachlaßsachen. Zufolge §. 50 tritt eine Entscheidung, die das Vormundschaftsgericht bei Meinungs-Verschiedenheiten zwischen dem Vater und einem Pfleger oder zwischen mehreren Vormündern über die Vornahme eines Rechtsgeschäfts trifft (Bürgerliches Gesetzbuch §. 1629, §. 1797 Abs. 1 Satz 2, §. 1798), regelmäßig erst mit der Rechtskraft in Wirksamkeit; nach dem §. 57 Abs. 1 Nr. 6 findet ferner gegen die Entscheidung in den Fällen, in denen sie erst mit der Rechtskraft wirksam wird, die sofortige Beschwerde statt. Das Gleiche soll nach §. 79 Abs. 2 für eine Verfügung gelten, durch die bei einer Meinungsverschiedenheit zwischen den Testamentsvollstreckern über die Vornahme eines Rechtsgeschäfts das Nachlaßgericht entscheidet.

Kraftloserklärung eines Erbscheins u. s. w. (§. 80.)

Gegen den Beschluß, durch den ein Erbschein für kraftlos erklärt wird, soll nach §. 80 des Entwurfs die Beschwerde nicht statthaft sein. Der §. 2361 Abs. 2 des Bürgerlichen Gesetzbuchs bestimmt, daß ein solcher Beschluß nach den für die öffentliche Zustellung einer Ladung geltenden Vorschriften der Civilprozeßordnung bekannt zu machen ist und daß mit dem Ablauf eines Monats nach der letzten Einrückung des Beschlusses in die öffentlichen Blätter die Kraftloserklärung wirksam wird. Hiernach darf es jedenfalls nicht dahin kommen, daß der Beschluß, nachdem er veröffentlicht worden ist, von dem Beschwerdegerichte wieder aufgehoben wird. Ebensowenig erscheint es aber angängig, die Bekanntmachung des Beschlusses bis zur Rechtskraft hinauszuschieben und zu dem Ende die Anfechtung im Wege der sofortigen Beschwerde zu gestatten, da der wirkliche Erbe ein dringendes Interesse daran hat, daß die Veröffentlichung des Beschlusses, der einen falschen Erbschein für kraftlos erklärt, sobald als möglich herbeigeführt werde. Andererseits kann sich die Partei, welcher der für kraftlos erklärte Erbschein ertheilt war, einen neuen Erbschein ausstellen lassen, wenn sich ergiebt, daß die Kraftloserklärung zu Unrecht erfolgt ist. Die Vorschriften des Bürgerlichen Gesetzbuchs über den Erbschein finden nach den §§. 1507, 2368 auf das Zeugniß, welches das Nachlaßgericht dem überlebenden Ehegatten über die Fortsetzung der Gütergemeinschaft auszustellen hat, sowie auf das Zeugniß über die Ernennung eines Testamentsvollstreckers entsprechende Anwendung. Ferner ist davon auszugehen, daß den Bestimmungen des Bürgerlichen Gesetzbuchs über die Kraftloserklärung eines Erbscheins auch die in den §§. 37, 38 der Grundbuchordnung bezeichneten Zeugnisse unterliegen, da sie in gewissen Beziehungen den Erbschein zu vertreten bestimmt sind. Der Entwurf versagt demgemäß auch die Beschwerde gegen den Beschluß, durch den eines der in den §§. 1507, 2368 des Bürgerlichen Gesetzbuchs oder in den §§. 37, 38 der Grundbuchordnung vorgesehenen Zeugnisse für kraftlos erklärt wird. Wenn die Landesgesetzgebung von dem Vorbehalte des §. 99 der Grundbuchordnung Gebrauch macht und auch für die dort bezeichneten Fälle eine Ausstellung von Zeugnissen, wie sie in den §§. 37, 38 der Grundbuchordnung vorgesehen sind, zuläßt, so findet selbstverständlich auf die Kraftloserklärung solcher Zeugnisse die Vorschrift des §. 80 gleichfalls Anwendung.

Nach §. 81 des Entwurfs kann nicht nur der Erbe, auf dessen Antrag der Erbschein ausgestellt ist, sondern jeder, der ein rechtliches Interesse glaubhaft macht, verlangen, daß ihm das Gericht eine Ausfertigung des Erbscheines ertheile; ferner soll jeder, der ein rechtliches Interesse glaubhaft macht, befugt sein, von den sonstigen im §. 81 bezeichneten Zeugnissen sowie von den gerichtlichen Verfügungen, die sich auf die Ernennung oder Entlassung eines Testamentsvollstreckers beziehen, eine Ausfertigung zu fordern. Die Vorschrift des §. 81 dient der Sicherheit und der Erleichterung des Rechtsverkehrs. Sie ist namentlich für den Verkehr mit dem Grundbuchamte von Bedeutung; aber auch in anderen Fällen wird sie zur Anwendung kommen können, so wenn ein Anspruch im Wege der Klage gegen die Erben des Verpflichteten durchgeführt werden soll oder wenn ein Nachlaßschuldner sich darüber Aufschluß erholen will, ob ein Testamentsvollstrecker vorhanden ist und wer das Amt inne hat.

Gerichtliche Vermittelung der Erbauseinandersetzung. (§§ 82 bis 94.)

In den §§. 82 bis 94 giebt der Entwurf Vorschriften über die Auseinandersetzung der Miterben durch Vermittelung des Nachlaßgerichts.

Um die Nachlaßtheilungen zu erleichtern, haben die geltenden Rechte verschiedene Wege eingeschlagen.

Das gemeine Recht räumt dem Prozeßrichter in Bezug auf die Erbtheilung ebenso wie hinsichtlich der Theilung sonstiger Gemeinschaften eine besonders freie Stellung ein, indem es nicht nur die Art der Theilung seinem Ermessen überläßt, sondern ihm auch die Befugniß gewährt, zum Vollzuge der von ihm gewählten Art unmittelbar durch seinen Spruch Rechte zu begründen, zu übertragen und aufzuheben. Dem Bürgerlichen Gesetzbuche gegenüber kann diese Thätigkeit des Prozeßrichters nicht mehr in Frage kommen, weil das Gesetzbuch (zu vergl. §§. 752 ff., 2042 ff.) die Art der Theilung, auf welche jede Partei ein Recht hat, fest bestimmt.

Auf dem Boden des gemeinen Rechtes steht im Wesentlichen auch der Code civil. Er hat (Art. 815 ff.) für Theilungen ein eigenartiges Verfahren vorgesehen, das sich aus Handlungen der streitigen und der freiwilligen Gerichtsbarkeit zusammensetzt. In der preußischen Rheinprovinz und in Elsaß-Lothringen ist jedoch dieses Verfahren beseitigt worden, weil es mit der Einführung der Civilprozeßordnung seinen Zusammenhang verloren hatte. Nach dem preußischen Gesetze über das Theilungsverfahren im Geltungsbereiche des rheinischen Rechtes vom 22. Mai 1887 und dem elsaß-lothringischen Theilungsgesetze vom 14. Juni 1888 hat das Prozeßgericht nur über Streitpunkte, die sich bei der Theilung ergeben, zu entscheiden; dagegen erfolgt die Auseinandersetzung selbst in einem Verfahren der freiwilligen Gerichtsbarkeit vor dem Amtsgericht und einem von diesem beauftragten Notar. Die bezeichneten Gesetze gehen davon aus, daß es der Geschäftsgewandtheit des Notars in der Regel gelingt, eine gütliche Einigung zu erzielen, falls die Parteien in dem für Vornahme der Theilung anberaumten Termin erscheinen. Um aber die Parteien zum Erscheinen zu veranlassen, wird den Vereinbarungen, welche die erschienenen Betheiligten mit Bezug auf die Theilung treffen, in größerem oder geringerem Umfange Wirksamkeit gegenüber den Ausgebliebenen beigelegt.

Auch in den Gebieten des preußischen Allgemeinen Landrechts sowie nach dem bayerischen Rechte findet für Nachlaßtheilungen ein Vermittelungsverfahren vor dem Amtsgerichte statt (zu vergl. preußische Allgemeine Gerichtsordnung Theil I Titel 46). Mit der Terminsversäumniß sind aber dort keine privatrechtlichen Nachtheile verbunden, vielmehr bleibt gegen die nicht erschienene Partei nöthigenfalls nur der Weg der Klage. In Württemberg wird die Nachlaßtheilung, wenn die Betheiligten sie nicht selbst vornehmen, von Amtswegen durch das Waisengericht unter Zuziehung eines Notars vermittelt.

Daß das Bedürfniß für ein besonderes gerichtliches Verfahren behufs Vermittelung der Erbauseinandersetzung besteht, wird nach dem Vorstehenden nicht zu bezweifeln sein. Erfahrungsgemäß führt ein solches Verfahren, falls nicht etwa die Betheiligten ihre Mitwirkung von vornhinein versagen, in zahlreichen Fällen zu einer gütlichen Einigung. Diese Mitwirkung herbeizuführen, erscheint der Weg, den das rheinpreußische und das elsaß-lothringische Recht eingeschlagen haben, durchaus geeignet. Das dort geltende Theilungsverfahren hat sich bewährt, und es rechtfertigt sich somit, seine Vorschriften der reichsrechtlichen Regelung des Verfahrens zu Grunde zu legen.

Zufolge §. 82 Abs. 1 des Entwurfs hat, wenn ein Erblasser mehrere Erben hinterläßt, das Nachlaßgericht auf Antrag die Auseinandersetzung in Ansehung des Nachlasses zwischen den Betheiligten zu vermitteln, sofern nicht ein zur Bewirkung der Auseinandersetzung berechtigter Testamentsvollstrecker vorhanden ist (Bürgerliches Gesetzbuch §. 2204, §. 2208 Abs. 1. §. 2209). Wer zu den Betheiligten gehört, ergiebt sich aus den Vorschriften des Bürgerlichen Gesetzbuchs. Insbesondere wird danach, wenn die Miterben bei der Theilung über ein zur Erbschaft gehöriges Grundstück Verfügungen treffen, auch der etwaige Nacherbe zu dem Verfahren heranzuziehen sein, da anderenfalls bei Eintritt der Nacherbfolge diese Verfügungen insoweit unwirksam wären, als sie das Recht des Nacherben vereiteln oder beeinträchtigen würden (Bürgerliches Gesetzbuch §. 2113 Abs. 1). Antragsberechtigt ist jeder Miterbe, desgleichen der Erwerber eines Erbtheils sowie derjenige, welchem ein Pfandrecht oder ein Nießbrauch an einem Erbtheile zusteht (§. 82 Abs. 2; zu vergl. Bürgerliches Gesetzbuch §§. 1066, 1258, 2033).

Ist ein Antrag auf Vermittelung der Auseinandersetzung bei dem Nachlaßgerichte gestellt, so hat dieses, nachdem es den Antragsteller nöthigenfalls zur Ergänzung seines Antrags und zur Beschaffung der erforderlichen Unterlagen veranlaßt hat, alle Betheiligten zu einem Termine mit dem Hinweise darauf zu laden, daß ungeachtet des Ausbleibens eines Betheiligten über die Auseinandersetzung verhandelt werden würde und daß, falls der Termin vertagt oder ein neuer Termin zur Fortsetzung der Verhandlung anberaumt werden sollte, die Ladung zu dem neuen Termin unterbleiben könne (§. 85). Einem abwesenden Betheiligten kann das Nachlaßgericht, wenn die Voraussetzungen der Abwesenheitspflegschaft vorliegen (Bürgerliches Gesetzbuch §. 1911) und eine Pflegschaft über ihn noch nicht anhängig ist, an Stelle des Vormundschaftsgerichts für das Auseinandersetzungsverfahren einen Pfleger bestellen (§. 84). Die Frist zwischen der Ladung und dem Termine muß nach §. 86 Abs. 1 mindestens zwei Wochen betragen. Diese Vorschrift findet jedoch gemäß Abs. 2 auf eine Vertagung sowie auf einen Termin zur Fortsetzung der Verhandlung keine Anwendung; außerdem ist im Schlußsatze des §. 86 bestimmt, daß in solchen Fällen die Ladung der zu dem früheren Termine geladenen Betheiligten durch die Verkündung des neuen Termins ersetzt werden kann. Müßten die sämmtlichen Betheiligten zu dem neuen Termin immer von neuem geladen werden, so würde sich dadurch das Verfahren vielfach ungebührlich verzögern. Namentlich für die auswärtigen Betheiligten, die zu dem ersten Termin erschienen sind, würde die Nothwendigkeit, den neuen Termin so weit hinauszuschieben, daß eine wiederholte Ladung der Ausgebliebenen erfolgen kann, überaus lästig sein. Andererseits werden die ausgebliebenen Betheiligten durch das Unterbleiben der nochmaligen Ladung umsoweniger beschwert, als sie nach dem Entwurf auf die Zulässigkeit dieses Verfahrens in der ersten Ladung hinzuweisen sind. Inwieweit der Richter von der Befugniß, die Ladung der Betheiligten durch die Verkündung zu ersetzen, Gebrauch machen will, bleibt nach §. 86 seinem pflichtmäßigen Ermessen überlassen; zufolge des Vorbehalts im §. 196 Abs. 1 wird jedoch die Landesjustizverwaltung nach Maßgabe des Landesrechts in der Lage sein, Anweisungen zu ertheilen, durch welche sie die Unterlassung der Ladung auf das nach den örtlichen Verhältnissen nöthige Maß beschränkt.

Kommt in dem Termine zwischen den erschienenen Betheiligten eine Einigung über die Auseinandersetzung zu Stande, so hat das Gericht — nach Maßgabe der Vorschriften des zehnten Abschnitts — die Auseinandersetzung zu beurkunden (§. 89 Abs. 1). In gleicher Weise ist zu verfahren, wenn die erschienenen Betheiligten vor der endgültigen Auseinandersetzung eine Vereinbarung über vorbereitende Maßregeln treffen, welche die Durchführung des Auseinandersetzungsverfahrens ermöglichen sollen (§. 87). Dahin gehören beispielsweise Vereinbarungen über die Herausgabe von Nachlaßgegenständen zum Zwecke der Besichtigung, der Abschätzung oder des Verkaufs, ferner Vereinbarungen über die Art der Theilung, insbesondere darüber, inwieweit die Theilung in Natur oder im Wege des Verkaufs der Nachlaßsachen erfolgen soll. Sind die Betheiligten sämmtlich erschienen, so hat das Gericht die von ihnen getroffene Vereinbarung über die vorbereitenden Maßregeln oder die Auseinandersetzung zu bestätigen; das Gleiche gilt, wenn die nicht erschienenen Betheiligten nachträglich ihre Zustimmung zu gerichtlichem Protokoll oder in einer öffentlich beglaubigten Urkunde ertheilen (§. 87 Abs. 2, §. 89 Abs. 1).

Ergeben sich bei den Verhandlungen Streitpunkte und ist deren Beseitigung nicht zu erreichen, so nimmt das Gericht ein Protokoll darüber auf und setzt das Verfahren aus; die Streitpunkte sind alsdann im Prozeßwege nach den Vorschriften der Civilprozeßordnung zu erledigen. Ist jedoch bezüglich der unstreitigen Punkte die Aufnahme einer Urkunde ausführbar, so hat das Nachlaßgericht insoweit ebenso zu verfahren wie bei einer vollständigen Einigung (§. 91).

Was die Versäumnißfolgen anlangt, die einen in dem Termine nicht erschienenen Betheiligten treffen, so sind sie in dem rheinpreußischen und dem elsaß-lothringischen Rechte nicht gleichmäßig geregelt. Nach dem preußischen Gesetze wird gegen den ausgebliebenen Betheiligten angenommen, daß er mit der Vornahme der Auseinandersetzung einverstanden sei. Auf den Inhalt der von den erschienenen Betheiligten vereinbarten Auseinandersetzung erstreckt sich diese Annahme des Einverständnisses nicht. Nur insoweit ist der Inhalt einer Vereinbarung auch für den Ausgebliebenen verbindlich, als dadurch eine von den gesetzlichen Vorschriften abweichende Art der Teilung vorgesehen wird. Die rechtskräftig bestätigte Auseinandersetzungsurkunde hat nach dem preußischen Gesetze zwar die Bedeutung, daß die Auseinandersetzung im Wege der Zwangsvollstreckung durchgeführt werden kann; der Ausgebliebene ist aber in der Hauptsache, wenn er seine Rechte, insbesondere durch Schmälerung des ihm zukommenden Antheils, verletzt glaubt, nicht gehindert, zur Wahrung derselben den Rechtsweg zu beschreiten. Auf einem anderen Standpunkte steht das elsaß-lothringische

Gesetz. Hier ist die rechtskräftig bestätigte Auseinandersetzungsurkunde für den Ausgebliebenen auch ihrem Inhalte nach ebenso wirksam, wie wenn er sich mit der Theilung einverstanden erklärt hätte, eine Abweichung von den gesetzlichen Vorschriften über die Art der Theilung ist aber nur gestattet, wenn alle Betheiligten erscheinen und zustimmen.

Dem gegenüber sieht der Entwurf (§§. 87, 89, 93) vor, daß sowohl eine rechtskräftig bestätigte Vereinbarung über die Art der Theilung oder über sonstige vorbereitende Maßregeln als auch die rechtskräftig bestätigte Auseinandersetzung alle ordnungsmäßig zugezogenen Betheiligten mit Einschluß der Ausgebliebenen in gleicher Weise bindet wie eine vertragsmäßige Vereinbarung oder Auseinandersetzung. Das Interesse der Betheiligten bringt es häufig mit sich, die Theilung in anderer Weise vorzunehmen, als sie vom Gesetze geordnet ist. Namentlich kann es zweckmäßig sein, statt des Verkaufs der Nachlaßgegenstände und der Theilung ihres Erlöses oder statt der gleichmäßigen Vertheilung der Gegenstände unter die einzelnen Erben jedem Erben eine bestimmte Art von Nachlaßsachen zuzuweisen; ebenso wird es, wenn die Berichtigung einer Nachlaßverbindlichkeit in Frage steht, nicht selten angezeigt sein, daß statt des Verkaufs eines Nachlaßgegenstandes ein Miterbe diesen Gegenstand und die Schuld übernimmt. Es erscheint daher richtiger, wenn Vereinbarungen über die Art der Theilung nicht von dem Erscheinen aller Betheiligten abhängig gemacht werden. Das Verfahren ist aber ferner, wenn es seiner Bestimmung vollständig genügen soll, so zu gestalten, daß es zu einer endgültigen Auseinandersetzung führt. Für den Ausgebliebenen muß deshalb die von den übrigen Betheiligten vereinbarte Auseinandersetzung in gleicher Weise maßgebend sein, wie wenn er ihr zugestimmt hätte, und er darf insbesondere mit der Behauptung, er sei benachtheiligt, nicht mehr gehört werden. Daß die Auseinandersetzung sowie eine vorgängige Vereinbarung wegen Bedrohung, Betrugs oder Irrthums angefochten wird, ist, wie sich schon aus der Fassung des §. 93 ergiebt, auch nach dem Entwurfe nicht ausgeschlossen. Ebenso bleiben zufolge §. 93 die Vorschriften unberührt, nach denen es zu Rechtsgeschäften eines Bevormundeten oder einer öffentlichen Korporation der Genehmigung des Vormundschaftsgerichts oder der Aufsichtsbehörde bedarf.

Ob es im einzelnen Falle erforderlich ist, daß die erschienenen Betheiligten vor der Auseinandersetzung eine besondere

Urkunde über die Art der Theilung oder über sonstige vorbereitende Maßregeln behufs der Mittheilung an den Ausgebliebenen aufnehmen lassen, hängt von den Umständen ab; die erschienenen Betheiligten können, sofern der Stand der Theilungsmasse es zuläßt, schon im ersten Termine mit einer Vereinbarung über die Art der Theilung die endgültige Auseinandersetzung verbinden.

Wenn der Entwurf aus den angeführten Gründen die Versäumnißfolgen in der Weise verschärft, daß er die Vorschriften des preußischen und des elsaß-lothringischen Gesetzes zusammenfaßt, so kann billiger Weise dem Ausgebliebenen die Möglichkeit nicht versagt werden, den Eintritt der Versäumnißfolgen nachträglich von sich abzuwenden. Nach dem Entwurfe soll deshalb von der Vereinbarung, welche die erschienenen Betheiligten über die Art der Theilung oder sonstige vorbereitende Maßregeln oder über die Auseinandersetzung selbst getroffen haben, dem ausgebliebenen Betheiligten, sofern er nicht nachträglich zugestimmt hat, Mittheilung gemacht und ihm Gelegenheit gegeben werden, in einem neuen Termine der Vereinbarung zu widersprechen; die Mittheilung der Vereinbarung an den Ausgebliebenen erfolgt in der Weise, daß ihm der Inhalt der Urkunde, soweit dieser ihn betrifft, bekannt gemacht und er gleichzeitig auf die Befugniß hingewiesen wird, die Urkunde auf der Gerichtsschreiberei einzusehen und eine Abschrift der Urkunde zu fordern (§. 87 Abs. 3, §. 89 Abs. 2). Zu dem neuen Termine, der auf Antrag des Ausgebliebenen anberaumt wird, sind alle Betheiligten zu laden. Erscheint der früher Ausgebliebene in dem neuen Termine, so ist die Verhandlung fortzusetzen. Erscheint er dagegen auch in dem neuen Termine nicht, so gilt er als mit dem Inhalte der Urkunde einverstanden und das Gericht hat demgemäß die Vereinbarung zu bestätigen (§. 87 Abs. 3 Satz 3, 4). Der Umstand, daß in dem neuen Termin ein früher erschienener Betheiligter ausbleibt, steht der Bestätigung nicht entgegen, da es seiner nochmaligen Zustimmung zu der getroffenen Vereinbarung nicht bedarf. Andererseits kann selbstverständlich, wenn ein früher erschienener Betheiligter in dem neuen Termin ausbleibt und der früher säumig gewesene Betheiligte mit den übrigen ein abweichendes Uebereinkommen trifft, dieses neue Uebereinkommen für den jetzt Ausgebliebenen nicht ohne Weiteres verbindlich werden; vielmehr ist er berechtigt, nach Maßgabe der Vorschriften des §. 87 Abs. 3 und des §. 89 Abs. 2 in einem neuen Termine Widerspruch zu erheben.

Um den Betheiligten die Möglichkeit zu gewähren, die Folgen einer unverschuldeten Versäumniß von sich abzuwenden, ist nach dem Vorgange des elsaß-lothringischen Gesetzes (§. 16) im §. 88 des Entwurfs weiter bestimmt, daß einem nicht erschienenen Betheiligten, der ohne sein Verschulden verhindert war, die Anberaumung eines neuen Termins rechtzeitig zu beantragen oder in dem neuen Termine zu erscheinen, auf Antrag von dem Nachlaßgerichte die Wiedereinsetzung in den vorigen Stand zu gewähren ist. In dem Falle, daß Vorschriften über das Verfahren verletzt sind, kann ferner der nicht Erschienene gegenüber dem Beschlusse, durch welchen eine Auseinandersetzung oder eine vorgängige Vereinbarung bestätigt wird, von dem Rechtsmittel der sofortigen Beschwerde Gebrauch machen (§. 92).

Es braucht nicht besonders hervorgehoben zu werden, daß als nicht erschienen im Sinne der Vorschriften des Entwurfs auch anzusehen ist, wer von dem Orte der Verhandlung sich freiwillig entfernt oder auf Grund des §. 176 des Gerichtsverfassungsgesetzes in Verbindung mit §. 8 des Entwurfs zur Aufrechterhaltung der Ordnung entfernt wird. Verweigert dagegen ein Betheiligter eine Erklärung zur Sache, so ist damit das Auseinandersetzungsverfahren beendet; denn die Verweigerung der Erklärung muß als Widerspruch gegen die Durchführung des Verfahrens aufgefaßt werden.

Nach dem Eintritte der Rechtskraft des Bestätigungsbeschlusses findet zufolge §. 94 aus der Auseinandersetzung sowie aus einer vorgängigen Vereinbarung die Zwangsvollstreckung statt. Für die Auseinandersetzungsurkunde enthält schon das preußische Gesetz (§. 17 Abs. 2) sowie das elsaß-lothringische Gesetz (§. 18) die gleiche Bestimmung. Ihre Ausdehnung auf eine vorgängige Vereinbarung empfiehlt sich, um eine raschere Durchführung des Verfahrens auch einem ausgebliebenen Betheiligen gegenüber zu ermöglichen. Eine besondere Vorschrift enthält der Entwurf (§. 90) für den Fall, daß die Betheiligten vereinbart haben, die Vertheilung durch das Loos zu bewirken; in einem solchen Falle soll das Loos, sofern nicht ein Anderes bestimmt ist, für einen nicht erschienenen Betheiligten vor der Anfertigung des Auseinandersetzungsplans von einem durch das Gericht zu bestellenden Vertreter gezogen werden. Auf diese Weise werden die Weiterungen vermieden, die mit einer Zwangsvollstreckung behufs Herbeiführung der Looszichung verbunden sein würden.

Nach dem preußischen und dem elsaß-lothringischen Gesetze liegt dem Amtsgerichte nur die Einleitung des Verfahrens und die Bestätigung der Theilungsurkunde ob, während die Theilungsverhandlungen selbst vor einem von dem Nachlaßgerichte beauftragten Notar stattfinden. Diese Art der Regelung hängt indessen mit der Organisation der freiwilligen Gerichtsbarkeit in den Gebieten jener Gesetze zusammen und läßt sich nicht ohne Weiteres auf andere Verhältnisse übertragen. Andererseits darf die Möglichkeit der Mitwirkung des Notars reichsgesetzlich auch nicht ausgeschlossen werden. Der §. 189 des Entwurfs sieht deshalb vor, daß die landesgesetzlichen Vorschriften unberührt bleiben, nach welchen an Stelle der Gerichte oder neben diesen die Notare die Auseinandersetzung zu vermitteln haben. Der Vorbehalt bezieht sich aber nur auf die Zuständigkeit; zu einer abweichenden Regelung des Verfahrens ist die Landesgesetzgebung, wenn sie die dem Nachlaßgerichte nach den §§. 82 ff. obliegenden Vorrichtungen ganz oder zum Theil den Notaren überträgt, auf Grund des §. 189 nicht befugt.

Auseinandersetzung in Ansehung des Gesammtguts. (§. 95.)

In gleicher Weise wie für die Erbengemeinschaft besteht hinsichtlich des ehelichen Gesammtguts das Bedürfniß, die Theilung durch eine gerichtliche Vermittelung zu erleichtern. Zufolge der Vorschrift des §. 95 sollen deshalb nach der Beendigung einer ehelichen Gütergemeinschaft oder einer fortgesetzten Gütergemeinschaft auf die Auseinandersetzung in Ansehung des Gesammtguts die für die Erbtheilung getroffenen Bestimmungen entsprechende Anwendung finden. Im Anschluß an den Art. 141 des Einführungsgesetzes zum Bürgerlichen Gesetzbuche sieht der §. 189 des Entwurfs vor, das die landesgesetzlichen Vorschriften unberührt bleiben, nach welchen für die hier in Frage stehende Vermittelung andere als gerichtliche Behörden zuständig sind.

Sechster Abschnitt.

Schiffspfandrecht.

Bedürfniß reichsgesetzlicher Vorschriften.

Zur Bestellung eines Pfandrechts an einem im Schiffsregister eingetragenen Schiffe ist nach §. 1260 des Bürgerlichen Gesetzbuchs neben der Einigung des Schiffseigenthümers und des Gläubigers die Eintragung des Pfandrechts in das Schiffsregister erforderlich. Ueber die Einrichtung des Registers sowie darüber, welche Schiffe in das Register einzutragen sind, enthält das Bürgerliche Gesetzbuch keine Bestimmung, es läßt vielmehr die gegenwärtig geltenden Vorschriften unberührt. Für die Registrirung von Seeschiffen bleibt demgemäß das Gesetz über die Nationalität der Kauffahrteischiffe und ihre Befugniß zur Führung der Bundesflagge vom 25. Oktober 1867 (Bundes-Gesetzbl. S. 35) nebst den ergänzenden Vorschriften maßgebend,*) während es in Betreff der Eintragung der Binnenschiffe bei den §§. 120 bis 130 des Binnenschiffahrtsgesetzes vom 15. Juni 1895 (Reichs-Gesetzbl. S. 301) bewendet.

Unter diesen Umständen bleibt dem Entwurfe nur die Aufgabe, das Verfahren für die auf Schiffspfandrechte bezüglichen Eintragungen zu ordnen. Daß neben den besonderen Vorschriften dieses Abschnitts für die Führung des Schiffsregisters die allgemeinen Vorschriften des ersten Abschnitts gelten, ergiebt sich, was die Führung des Registers für Binnenschiffe anlangt, aus dem §. 1 des Entwurfs in Verbindung mit dem §. 121 Abs. 1 des Binnenschiffahrtsgesetzes, der die Führung dieses Registers dem zur Führung des Handelsregisters zuständigen Gericht überträgt. Auch soweit zufolge §. 121 Abs. 2 des Binnenschiffahrtsgesetzes nach Landesrecht die Führung des Registers anderen als gerichtlichen Behörden obliegt, finden nach §. 190 des Entwurfs gleichwohl die allgemeinen Vorschriften des ersten Abschnitts mit den dort bestimmten Abweichungen Anwendung. Was dagegen die Führung des Registers für Seeschiffe betrifft, so hat der §. 3 Satz 2 des Gesetzes, betreffend die Nationalität der Kauffahrteischiffe, vom 25. Oktober 1867 die Bestimmung der Behörden, welche das Register zu führen haben, den Landesgesetzen überlassen. Da nach den §§. 1, 190 des Entwurfs die allgemeinen Vorschriften des ersten Abschnitts nur für diejenigen Angelegenheiten der freiwilligen Gerichtsbarkeit gelten, welche durch Reichsgesetz den Gerichten übertragen sind, so würden, wenn es bei dem §. 3 des bezeichneten Gesetzes

*) Zu vergl. Gesetz, betreffend die Registrirung und die Bezeichnung der Kauffahrteischiffe, vom 28. Juni 1878 (Reichs-Gesetzbl. S. 184), Gesetz, betreffend die Befugniß von Seefahrzeugen, welche der Gattung der Kauffahrteischiffe nicht angehören, zur Führung der Reichsflagge, vom 15. April 1885 (Reichs-Gesetzbl. S. 89), Gesetz, betreffend Abänderungen des Gesetzes über die Nationalität der Kauffahrteischiffe, vom 23. Dezember 1888 (Reichs-Gesetzbl. S. 300).

verbleibt, jene allgemeinen Vorschriften auf die Führung des Registers für Seeschiffe keine Anwendung finden. Inwieweit zur Verhütung dieser Rechtsfolge eine Aenderung des §. 3 des Gesetzes vom 25. Oktober 1867 angezeigt erscheint, wird bei der in Aussicht genommenen Revision dieses Gesetzes zu entscheiden sein.

Gegenstand der Eintragungen.

Was die das Schiffspfandrecht betreffenden Eintragungen im Einzelnen anlangt, so hebt das Bürgerliche Gesetzbuch, abgesehen von der Bestellung (§. 1260) und der Löschung des Rechtes (§§. 1262, 1267), noch die Bestimmung des Rangverhältnisses (§. 1267) besonders hervor. Im Uebrigen enthält der §. 1263 Abs. 1 die allgemeine Bestimmung, daß die Berichtigung des Registers nach den für die Berichtigung des Grundbuchs geltenden Vorschriften der §§. 894, 895, 897, 898 verlangt werden kann, wenn der Inhalt des Schiffsregisters in Ansehung eines Pfandrechts mit der wirklichen Rechtslage nicht im Einklange steht. Es fragt sich, wie mit Bezug auf die hierher gehörigen Eintragungen der Kreis der Berechtigten zu bestimmen ist. Der Entwurf geht davon aus, daß auch demjenigen, auf welchen eine durch ein Schiffspfandrecht gesicherte Forderung übertragen ist, sowie Jedem, der ein Recht an einer solchen Forderung erworben hat oder zu dessen Gunsten eine auf die Pfandforderungen sich beziehende Verfügungsbeschänkung besteht, die Befugniß zukommen muß, sein Recht im Wege der Berichtigung des Registers eintragen zu lassen (§§. 98, 100, 101, 111, 114; zu vergl. §. 132 Abs. 1 des Gesetzes, betreffend die privatrechtlichen Verhältnisse der Binnenschiffahrt). Die genannten Betheiligten sind auf diese Weise in der Lage, sich gegen eine Löschung des Pfandrechts und damit gegen die Gefahren zu sichern, welche zufolge der Vorschrift des §. 1262 des Bürgerlichen Gesetzbuchs aus der Löschung für sie entstehen können. Die Vorschrift bestimmt, daß ein mit Unrecht gelöschtes Pfandrecht im Falle der Veräußerung des Schiffes erlischt, wenn der Erwerber des Schiffes das Recht nicht kannte, und daß es seinen Rang verliert, wenn ein nachstehendes Pfandrecht auf einen Dritten übertragen wird, der von dem gelöschten Pfandrechte keine Kenntniß hat.

Eine vorläufige Eintragung in das Schiffsregister ist schon dem Bürgerlichen Gesetzbuche nicht fremd; der §. 1263 Abs. 2 erklärt ausdrücklich die Eintragung eines Widerspruchs gegen die mit Unrecht erfolgte Löschung des Schiffspfandrechts für statthaft. Entsprechend den auf dem Gebiete des Grundbuchrechts geltenden Vorschriften (zu vergl. §§. 25, 54, 71, 76 der Grundbuchordnung) erscheint es aber erforderlich, die Eintragung eines Widerspruchs noch für einige weitere Fälle vorzusehen und außerdem unter gewissen Voraussetzungen die Eintragung einer Vormerkung mit den Wirkungen zu gewähren, die das Bürgerliche Gesetzbuch an eine in das Grundbuch eingetragene Vormerkung knüpft (§§. 93, 109, 112, 113 des Entwurfs in Verbindung mit dem für die Civilprozeßordnung in Aussicht genommenen §. 779a; zu vergl. das Bremische Gesetz, betreffend Verpfändung von Schiffen, vom 15. Dezember 1887 §. 8).

Anschluß an die Grundbuchordnung.

Während die bestehenden Gesetze über das Verfahren für die auf Schiffspfandrechte bezüglichen Eintragungen meist nur wenige Vorschriften enthalten,*) regelt der Entwurf das Verfahren eingehender. Aus dem Bürgerlichen Gesetzbuche, das zur Begründung des Schiffspfandrechts die Eintragung in das Schiffsregister erfordert und zugleich dem Inhalte des Registers in gewissem Umfange öffentlichen Glauben beilegt (§. 1262), ergiebt sich von selbst eine Verwandtschaft des Schiffspfandrechts mit der Hypothek. Damit rechtfertigt es sich auch, wenn im Entwurfe das Verfahren thunlichst den Vorschriften angepaßt wird, welche nach der Grundbuchordnung, §§. 13 bis 55, 71 bis 88) für Eintragungen in das Grundbuch gelten. Auf diese Vorschriften kann daher in der Hauptsache Bezug genommen werden. Nicht hierher übertragen ist die Vorschrift des §. 48 der Grundbuchordnung, wonach, wenn ein Recht für Mehrere gemeinschaftlich eingetragen werden soll, die Eintragung in der Weise zu erfolgen hat, daß entweder die Antheile der Berechtigten in Bruchtheilen angegeben werden oder das für die Gemeinschaft maßgebende Rechtsverhältniß bezeichnet wird. Da das Recht des Gläubigers aus dem Schiffspfandrechte sich nur nach der durch das Pfandrecht gesicherten Forderung be-

*) Zu vergl. Binnenschiffahrtsgesetz §§. 131 bis 135, ferner für Preußen Einführungsgesetz zum Handelsgesetzbuch Art. 59, für Oldenburg Gesetz vom 8. April 1876, für Mecklenburg-Schwerin Verordnung vom 28. März 1881, für Lübeck Gesetz vom 20. Januar 1882, für Bremen Gesetz vom 15. Dezember 1887, für Hamburg Gesetz vom 27. April 1885.

stimmt, die Uebertragung sowie die Belastung der Forderung aber sich außerhalb des Schiffsregisters vollzieht, so kommt die im §. 48 der Grundbuchordnung vorgesehene Bestimmung hier nur für den Fall in Betracht, daß die vollzogene Uebertragung oder Belastung der Forderung demnächst behufs der Berichtigung des Schiffsregisters eingetragen werden soll. Weggelassen ist ferner eine dem §. 52 der Grundbuchordnung entsprechende Vorschrift, derzufolge bei der Eintragung eines Vorerben zugleich das Recht des Nacherben, und, soweit der Vorerbe von den Beschränkungen seines Verfügungsrechts befreit ist, auch die Befreiung von Amtswegen eingetragen werden soll. Nach den §§. 2112, 2113 des Bürgerlichen Gesetzbuchs ist der Vorerbe in der Verfügung über eine zur Erbschaft gehörende Forderung, die durch ein Schiffspfandrecht gesichert ist, nur dann beschränkt, wenn die Verfügung unentgeltlich oder zum Zwecke der Erfüllung eines von dem Vorerben ertheilten Schenkungsversprechens erfolgt. Bei der geringen, praktischen Bedeutung, welche hiernach den §§. 48, 52 der Grundbuchordnung für die Führung des Schiffsregisters zukommt, erscheint es unbedenklich, von einer Uebertragung jener Vorschriften hier abzusehen und ihre entsprechende Anwendung eintretenden Falles der Praxis zu überlassen.

Der bisherige §. 131 Abs. 2 des Gesetzes, betreffend die privatrechtlichen Verhältnisse der Binnenschiffahrt, bestimmt, daß die Eintragung eines Pfandrechts in das Schiffsregister nur auf Grund der Bewilligung desjenigen stattfindet, welcher als Eigenthümer in das Register eingetragen ist. Die Aufnahme einer solchen Bestimmung erübrigt sich durch die allgemeine Vorschrift des §. 107 Abs. 1 des Entwurfs, derzufolge eine Eintragung nur erfolgen soll, wenn derjenige, dessen Recht durch sie betroffen wird, als der Berechtigte eingetragen ist. Aus dieser Vorschrift ist andererseits zu entnehmen, daß die Registerbehörde bei der Führung des Registers denjenigen, welcher als der Berechtigte eingetragen ist, als den wirklich Berechtigten ansehen darf, solange sich nicht besondere Anstände ergeben (zu vergl. das Lübeckische Gesetz vom 20. Januar 1882 §. 2, das Hamburgische Gesetz vom 27. April 1885 §. 3 und das Bremische Gesetz vom 15. Dezember 1887 §. 3).

Vermerk auf dem Schiffscertifikat u. s. w. (§. 116).

Nach dem §. 116 des Entwurfs soll jede in Ansehung eines Schiffspfandrechts bewirkte Eintragung baldthunlichst auf dem Schiffscertifikat oder dem Schiffsbriefe (Gesetz über die Nationalität der Kauffahrteischiffe §. 8, Binnenschiffahrtsgesetz §. 126) vermerkt werden. Das Certifikat sowie der Schiffsbrief wird auf diese Weise hinsichtlich der Schiffspfandrechte mit dem Inhalte des Registers in Einklang erhalten, und die Behörden, insbesondere die Konsuln, sind dann im Stande, die Pfandgläubiger von allen für sie wichtigen Vorkommnissen zu benachrichtigen. Schon die geltenden Gesetze ordnen einen solchen Vermerk an. Zum Theil gehen sie insofern noch weiter, als sie die Eintragung des Pfandrechts in das Schiffsregister nur zulassen, wenn der Antragsteller der Registerbehörde das Certifikat einreicht oder wenigstens nachweist, daß der deutsche Konsul des Hafens, in welchem sich das Schiff befindet, das Pfandrecht auf dem Certifikate vermerkt hat.*) Durch eine derartige Regelung wird aber die Bestellung von Pfandrechten an den in See befindlichen Schiffen unmöglich gemacht oder doch erschwert, und der Entwurf hat sich daher diesem Vorgange in Uebereinstimmung mit dem §. 131 Abs. 3 des Binnenschiffahrtsgesetzes und dem in Preußen und in Bremen geltenden Rechte nicht angeschlossen.**) Daß die Registerbehörde, bei welcher die Eintragung in das Register erfolgt, eine andere Registerbehörde oder einen deutschen Konsul ersuchen kann, den Vermerk auf das Certifikat oder den Schiffsbrief zu setzen (Mecklenburg-Schwerinsche Verordnung vom 28. März 1881 §. 35, Bremisches Gesetz, betreffend Verpfändung von Schiffen, vom 12. Dezember 1887 §. 18), bedarf gegenüber den allgemeinen Bestimmungen der §§. 2, 190 des Entwurfs und den allgemeinen Vorschriften über die Amtsbefugnisse der deutschen Konsuln keiner besonderen Hervorhebung.

Die Vorschrift des §. 116 Abs. 2, wonach die Eintragung in das Schiffsregister, falls eine Urkunde über die Pfandforderung vorgelegt wird, auch auf dieser Urkunde zu vermerken ist, schließt sich unter Berücksichtigung der nach dem §. 57 Abs. 2 Nr. 4 und dem §. 62 der Grundbuchordnung für den Hypothekenbrief geltenden Vorschriften dem bestehenden Rechte an (zu vergl. insbesondere §. 131 Abs. 4 des Binnenschiffahrtsgesetzes).

*) Zu vergl. für Oldenburg Gesetz vom 3. April 1876 Art. 2, für Hamburg Gesetz vom 27. April 1885 §. 5.

**) Zu vergl. preußisches Einführungsgesetz zum Handelsgesetzbuche vom 24. Juni 1861 Art. 59 §. 1 Abs. 3, bremisches Gesetz, betreffend Verpfändung von Schiffen, vom 15. Dezember 1887 §. 18.

Siebenter Abschnitt.

Handelssachen.

Der siebente Abschnitt des Entwurfs trifft in den §§. 121 bis 140 zunächst Bestimmungen über die Zuständigkeit und das Verfahren in Handelsregistersachen und giebt sodann in den §§. 141 bis 154 Vorschriften über sonstige auf den Handelsverkehr bezügliche Angelegenheiten der freiwilligen Gerichtsbarkeit.

Zuständigkeit für die Führung des Handelsregisters. (§. 121.)

Die Führung des Handelsregisters wird im §. 121 des Entwurfs den Amtsgerichten übertragen. In Verbindung mit dem §. 10 Abs. 2 des Genossenschaftsgesetzes, dem §. 9 Abs. 1 des Gesetzes, betreffend das Urheberrecht an Mustern und Modellen, dem §. 54 des Börsengesetzes und dem §. 121 Abs. 1 des Binnenschiffahrtsgesetzes ergiebt sich aus der Vorschrift des Entwurfs weiter, daß die Amtsgerichte auch das Genossenschaftsregister, das Musterregister, das Börsenregister und, vorbehaltlich gewisser Ausnahmen, das Register für Binnenschiffe zu führen haben. Gegenwärtig ist durch die Landesgesetzgebung die Zuständigkeit zur Wahrnehmung der Geschäfte des Registergerichts verschieden geregelt. In den meisten Bundesstaaten, insbesondere in Preußen, sind die Amtsgerichte mit diesen Geschäften betraut, dagegen liegt in Bayern, Elsaß-Lothringen, Sachsen-Koburg, Bremen und dem größten Theile des Hamburgischen Staatsgebiets die Registerführung den Landgerichten oder den Vorsitzenden der Kammern für Handelssachen ob. Demgegenüber ist eine reichsgesetzliche Ordnung der Zuständigkeit schon mit Rücksicht auf das Rechtsmittelverfahren nicht zu entbehren. Wenn der Entwurf sich für die Amtsgerichte entscheidet, so rechtfertigt sich dies nicht blos dadurch, daß sie in dem größten Theile Deutschlands schon jetzt zuständig sind; auch aus sachlichen Gründen verdienen die Amtsgerichte vor den Landgerichten den Vorzug. Sie sind für die Betheiligten, insbesondere für die Anmeldungspflichtigen sowie für Dritte, die das Register einsehen wollen, leichter erreichbar und können die erforderlichen Verfügungen in der Regel schneller treffen. Der Abs. 2 des §. 121 ertheilt übrigens den Landesjustizverwaltungen die Befugniß, die Führung des Registers für mehrere Amtsgerichtsbezirke einem Amtsgerichte zuzuweisen. Die Uebertragung der bisher von den Landgerichten geführten Register auf die Amtsgerichte wird dadurch wesentlich erleichtert.

Verfahren bei der Registerführung. (§§. 122 bis 128.)

Das Verfahren bei der Führung des Handelsregisters ist in den einzelnen Bundesstaaten gegenwärtig theils durch Gesetze, insbesondere durch die Einführungsgesetze zum Handelsgesetzbuche, theils durch Ausführungsverordnungen geregelt. Der Entwurf schließt sich im Allgemeinen den hiernach geltenden Vorschriften an. Er ordnet jedoch die Registerführung nicht in völlig erschöpfender Weise, vielmehr bleibt der Landesgesetzgebung die Befugniß, die Vorschriften des Entwurfs zu ergänzen; insbesondere werden die Einzelstaaten in der Lage sein, über die Einrichtung des Handelsregisters Bestimmungen zu treffen (zu vergl. §. 196 Abs. 1).

Einem aus den betheiligten Kreisen oft geäußerten Wunsche entsprechend, beruft der Entwurf (§. 122) die Organe des Handelsstandes zur Mitwirkung bei der Registerführung und zwar in der Weise, daß er diesen Organen die Verpflichtung auferlegt, die Gerichte behufs der Verhütung unrichtiger Eintragungen sowie behufs der Berichtigung und Vervollständigung des Handelsregisters zu unterstützen, und sie andererseits für berechtigt erklärt, zu dem bezeichneten Zwecke bei den Gerichten Anträge zu stellen sowie gegen Verfügungen, durch die über solche Anträge entschieden wird, Beschwerde zu erheben. Die im Einzelnen zu treffenden Vorschriften müssen landesrechtlicher Regelung vorbehalten bleiben, da hierbei die Stellung und Zusammensetzung sowie die sonstige Thätigkeit der betreffenden Organe zu berücksichtigen ist. Insbesondere werden in denjenigen Bundesstaaten, in welchen Vertretungskörper verschiedener Art für Handel und Gewerbe bestehen, die Landesregierungen zu bestimmen haben, welchen von diesen Organen die hier in Frage kommenden Aufgaben zu übertragen sind. Auch die Entscheidung darüber, inwieweit die Polizei- und Steuerbehörden verpflichtet sein sollen, Thatsachen, die für die Registerführung von Erheblichkeit sind, dem Gerichte mitzutheilen, muß den einzelnen Bundesstaaten überlassen bleiben.

Die allgemeine Vorschrift des §. 12, wonach das Gericht die zur Feststellung der Thatsachen erforderlichen Ermittelungen zu veranstalten und die geeignet erscheinenden Beweise aufzunehmen hat, gilt auch für das Verfahren der Registergerichte. Selbstverständlich ist für die Frage, inwieweit es in diesem Verfahren besonderer Ermittelungen bedarf, der Zweck des Handelsregisters zu berücksichtigen. Da dieser zunächst in der Beurkundung der von den Betheiligten abgegebenen Erklärungen besteht, so ergiebt sich von selbst, daß nicht schlechthin in jedem Falle eine vorgängige Feststellung des den Erklärungen zu Grunde liegenden Sachverhältnisses erforderlich ist. Jedenfalls ist gegenüber der Vorschrift des §. 12 kein Bedürfniß mehr für die vielfach als lästig empfundenen Bestimmungen einzelner Landesgesetze und Ausführungsverordnungen vorhanden, wonach der zu einer Eintragung erforderliche Nachweis von Thatsachen regelmäßig durch öffentliche Urkunden erbracht werden soll (zu vergl. die Denkschrift zum Entwurf eines Handelsgesetzbuchs, Verhandlungen des Reichstags 1895/97 Anl. Bd. 6 S. 3152).

Die dem Registergericht obliegenden Entscheidungen hängen nicht selten von der Beurtheilung streitiger Rechts-Verhältnisse ab. Ein solcher Fall kann beispielsweise eintreten, wenn ein Kaufmann eine bereits für einen Anderen eingetragene Firma anmeldet und gegen den Widerspruch des letzteren behauptet, daß dieser nicht berechtigt sei, die Firma zu gebrauchen, desgleichen, wenn der Erwerber eines Geschäfts die Firma des früheren Inhabers weiterführt und in dem auf dessen Veranlassung eingeleiteten Ordnungsstrafverfahren geltend macht, er habe zugleich mit dem Geschäfte die Firma erworben. Dem Registerrichter kann hier die Befugniß der selbständigen Entscheidung nicht unbedingt entzogen werden, da nach Lage der Sache häufig eine sofortige Erledigung geboten ist. In manchen Fällen wird es allerdings zweckmäßiger sein, wenn vor dem Erlasse der Verfügung das streitige Rechtsverhältniß im Prozeßwege festgestellt wird. Der § 123 giebt deshalb dem Registergerichte die Befugniß, die Verfügung nach seinem pflichtmäßigen Ermessen in den geeigneten Fällen bis zur Entscheidung des Rechtsstreits auszusetzen, auch in dem Falle, daß ein Rechtsstreit nicht angängig ist, einem der Betheiligten eine Frist zur Erhebung der Klage zu bestimmen (zu vergl. Civilprozeßordnung §§. 139, 140, Strafprozeßordnung §. 261).

Die §§. 124, 125 betreffen die Anmeldungen zum Handelsregister und die hiermit verbundenen Zeichnungen von Unterschriften. Nach §. 12 des Handelsgesetzbuches sind die Anmeldungen und Zeichnungen entweder persönlich bei dem Gerichte zu bewirken oder in öffentlich beglaubigter Form einzureichen. Für die erstere Art der Anmeldung muß die Erklärung zum Protokolle des Gerichtschreibers genügen; nur würde es zu weit gehen, wenn es gemäß der allgemeinen Vorschrift des §. 11 gestattet wäre, die betreffende Erklärung bei dem Gerichtsschreiber irgend eines beliebigen Amtsgerichts abzugeben. Es erscheint wünschenswerth, daß schon bei der Entgegennahme der Anmeldungen ihre Zulässigkeit an der Hand des Handelsregisters selbst geprüft werden kann, um den Betheiligten überflüssige Weiterungen zu ersparen. Aus diesem Grunde ist im §. 124 nur der Gerichtsschreiber des Registergerichts zur Entgegennahme der Anmeldungen und Zeichnungen für zuständig erklärt.

Die Bestimmung des §. 125, wonach in dem Falle, daß die zu einer Eintragung erforderliche Erklärung von einem Notar beurkundet oder beglaubigt ist, dieser als ermächtigt gilt, im Namen eines zur Anmeldung Verpflichteten die Eintragung zu beantragen, entspricht dem §. 15 der Grundbuchordnung, der nach §. 96 des Entwurfs auch auf die Eintragungen in das Schiffsregister Anwendung findet.

Ebenso ist die Vorschrift des §. 126 Abs. 1, welche sich auf die Form der Eintragungen bezieht, dem §. 45 der Grundbuchordnung nachgebildet. Die Angabe des Tages der Eintragung ist namentlich für solche Fälle von Bedeutung, in denen das Handelsgesetzbuch mit der Eintragung als solcher bestimmte Rechtswirkungen verbindet (zu vergl. Handelsgesetzbuch §§. 2, 123, 200, §. 277 Abs. 3). Im §. 126 Abs. 2 ist ferner bestimmt, daß jede Eintragung demjenigen, welcher sie beantragt hat, bekannt gemacht werden soll, sofern nicht auf die Bekanntmachung verzichtet wird. Die Eintragungen werden zwar in öffentlichen Blättern bekannt gemacht; es empfiehlt sich jedoch nicht, den Antragsteller lediglich auf diese Veröffentlichung zu verweisen, vielmehr erscheint es angemessen, ihm eine besondere Mittheilung darüber, daß seinem Antrage stattgegeben ist, zugehen zu lassen.

Der §. 127 betrifft die Eintragung von Zweigniederlassungen. Diese ist im Handelsgesetzbuche nur insoweit geregelt, als es sich um die Eintragung in das Register der Zweigniederlassung selbst handelt; dagegen ist nichts darüber bestimmt, daß die dort erfolgte Eintragung auch in dem Register der Hauptniederlassung zu vermerken sei. Es ist jedoch wünschenswerth, daß das Vorhandensein von Zweigniederlassungen auch aus dem letzteren Register zu ersehen ist, und der Entwurf hat daher eine entsprechende Vorschrift aufgenommen.

Die Vorschrift des §. 128, wonach die Landesjustizverwaltungen befugt sind, den Registergerichten Anweisungen bezüglich der für die Bekanntmachung der Eintragungen zu bestimmenden Blätter zu ertheilen, schließt sich dem Art. 14 Abs. 3 des bisherigen Handelsgesetzbuchs an, wie dies schon durch die Denkschrift zum Entwurf eines Handelsgesetzbuchs (Verhandlungen des Reichstags 1895/97 Anl. Bd. 6 S. 3152) in Aussicht genommen war.

Ordnungsverfahren. (§§. 129 bis 136.)

Die §§. 129 bis 136 regeln das Ordnungsstrafverfahren, mittelst dessen das Registergericht nach den §§. 14, 37, 319 und nach §. 325 Nr. 9 des Handelsgesetzbuchs die Erfüllung gewisser gesetzlicher Verpflichtungen, insbesondere die Vornahme von Anmeldungen zum Handelsregister zu erzwingen hat. Was die zur Zeit für dieses Verfahren maßgebenden Landesgesetze betrifft, so lassen die Gesetze der thüringischen Staaten die Strafe ohne vorgängige Androhung eintreten, falls die vorzunehmende Handlung nicht innerhalb einer gesetzlichen Frist nach dem Eintritte des die Verpflichtung begründeten Ereignisses vorgenommen wird.*) Nach dem in Preußen, Bayern und anderen Staaten geltenden Rechte ist dagegen eine Strafe erst verwirkt, wenn das Gericht dem Betheiligten aufgegeben hat, seiner Verpflichtung zu genügen und der Betheiligte diese Auflage binnen der ihm vom Gerichte festgesetzten Frist weder befolgt noch mittelst Einspruchs gerechtfertigt hat.**) Der Entwurf hat sich für den letzteren Weg entschieden. Abgesehen davon, daß das bezeichnete Verfahren im größten Theile des Reichsgebiets üblich ist, entspricht es dem Wesen der Ordnungsstrafe, die Betheiligten mittelst besonderer Androhung zur Erfüllung ihrer Verpflichtungen anzuhalten. Auch im Einzelnen schließt sich der Entwurf der Hauptsache nach den Gesetzen Preußens und Bayerns an. Dies gilt insbesondere von den Vorschriften des §. 131, wonach eine mündliche Verhandlung über den Einspruch stattfindet. In dem Verfahren vor dem Beschwerdegericht ist jedoch eine solche Verhandlung entbehrlich, und der Entwurf spricht daher den Grundsatz nur für die erste Instanz aus

*) Zu vergl. für Sachsen-Weimar Einführungsgesetz zum Handelsgesetzbuch §. 8, für Sachsen-Meiningen Einführungsgesetz zum Handelsgesetzbuch §. 9, für Sachsen-Altenburg Einführungsgesetz zum Handelsgesetzbuch §. 8.

**) Zu vergl. für Preußen Einführungsgesetz zum Handelsgesetzbuch Art. 5, Ausführungsgesetz zur Civilprozeßordnung §. 28, für Bayern Einführungsgesetz zum Handelsgesetzbuch Art 10 ff., Ausführungsgesetz, zur Civilprozeßordnung und Konkursordnung Art. 76, für Hessen Gesetz, betreffend das Verfahren in Sachen der nichtstreitigen Gerichtsbarkeit, vom 5. Juni 1879 Art. 16 ff.

(zu vergl. §. 536 der Civilprozeßordnung). Ferner fehlt es an einem ausreichenden Grunde, um in Abweichung von dem für das Verfahren in den Angelegenheiten der freiwilligen Gerichtsbarkeit geltenden allgemeinen Grundsatze die Oeffentlichkeit der Verhandlung vor dem Amtsgerichte vorzuschreiben, wie dies in dem preußischen Gesetze und verschiedenen anderen Landesgesetzen geschehen ist. Die Oeffentlichkeit des Verfahrens könnte gerade für die hierher gehörenden Fälle, in welchen unter Umständen die Art und der Umfang des Geschäftsbetriebs eines Betheiligteu im Einzelnen darzulegen ist, zu Mißständen führen.

Erscheint der Betheiligte, welcher Einspruch eingelegt hat, in dem zur Erörterung der Sache anberaumten Termine nicht, so soll dies nach dem Entwurfe nicht ohne Weiteres die Verwerfung des Einspruchs zur Folge haben. Das Gericht hat vielmehr auch in diesem Falle nach Lage der Sache, nöthigenfalls auf Grund vorgängiger Beweisaufnahme, zu entscheiden, sofern es nicht eine Vertagung der Verhandlung für angezeigt erachtet.

Wird der Einspruch als unbegründet zurückgewiesen, so ist die Auflage, gegen welche er gerichtet war, von dem Gerichte zu erneuern und zugleich die angedrohte Strafe festzusetzen. Letzteres soll jedoch nach dem Entwurfe nicht unbedingt gelten; vielmehr ist dem Gerichte die Befugniß eingeräumt, von der Festsetzung der Strafe abzusehen oder eine geringere als die angedrohte Strafe festzusetzen. Der Mangel einer solchen Befugniß in den meisten Landesgesetzen hat sich als ein Mißstand gezeigt, da es nicht selten vorkommt, daß der Betheiligte, welcher gegen die ihm gemachte Auflage einen unbegründeten Einspruch erhebt, sich hierbei in gutem Glauben befindet und in Folge dessen die Erfüllung der ihm gemachten Auflage aus entschuldbaren Gründen unterläßt.

Der §. 136 enthält besondere Vorschriften über die Verhängung von Ordnungsstrafen gegen eine Person, die sich einer ihr nicht zustehenden Firma bedient. Auch in dieser Beziehung stimmt der Entwurf im Wesentlichen mit dem bisherigen Recht überein.

Eintragung des Erlöschens einer Firma. (§. 137.)

Kann die Anmeldung des Erlöschens einer eingetragenen Firma nicht im Wege der Verhängung von Ordnungsstrafen gegen die hierzu Verpflichteten herbeigeführt werden, so hat nach §. 31 des Handelsgesetzbuchs das Gericht das Erlöschen von Amtswegen einzutragen. Für das bei einer solchen Löschung zu beobachtende Verfahren ist zur Zeit der §. 2 des Gesetzes, betreffend die Löschung nicht mehr bestehender Firmen und Prokuren im Handelsregister, vom 30. März 1888 (Reichs-Gesetzbl. S. 129) maßgebend. Das Einführungsgesetz zum Handelsgesetzbuche hat jedoch die Aufhebung des genannten Gesetzes vorgesehen (Art. 8) und die Regelung des Verfahrens dem Gesetz über die Angelegenheiten der freiwilligen Gerichtsbarkeit überlassen (zu vergl. die Denkschrift zu dem Entwurf eines Handelsgesetzbuchs, Verhandlungen des Reichstags 1895/97 Anl. Bd. 6 S. 3160, 3280). Im §. 137 des vorliegenden Entwurfs sind demgemäß die erforderlichen Bestimmungen getroffen. Sie wiederholen im Wesentlichen den Inhalt des aufgehobenen §. 2. Das Gericht hat danach zunächst den Firmeninhaber von der beabsichtigten Löschung zu benachrichtigen und ihm eine Frist zur Geltendmachung eines Widerspruchs zu bestimmen. Läuft die Frist ab, ohne daß Widerspruch erhoben wird, so kann nunmehr die Löschung vorgenommen werden. Wird vor Ablauf der Frist oder wenigstens vor der Löschung Widerspruch erhoben, so hat das Gericht diesen durch besondere Entscheidung zu erledigen und darf zur Löschung erst schreiten, wenn der Widerspruch rechtskräftig zurückgewiesen ist.

Beseitigung einer zu Unrecht erfolgten Eintragung. (§§. 138 bis 140.)

Inwieweit das Registergericht befugt ist, eine zu Unrecht erfolgte Eintragung von Amtswegen wieder zu löschen, ist für das geltende Recht nicht unbestritten. Im Allgemeinen wird die fragliche Befugniß bejaht. Nur hinsichtlich der Löschung einer Aktiengesellschaft, Kommanditgesellschaft auf Aktien, Gesellschaft mit beschränkter Haftung und Erwerbs- und Wirthschaftsgenossenschaft sowie hinsichtlich der Löschung von Beschlüssen der Generalversammlung einer solchen Gesellschaft oder Genossenschaft wird vielfach ein anderer Standpunkt vertreten.

Was den Standpunkt des Entwurfs betrifft, so stellt der §. 138 Abs. 1 zunächst im Anschluß an die allgemeine Vorschrift des §. 17 die Regel auf, daß jede Eintragung in das Handelsregister, deren Vornahme wegen Mangels einer wesentlichen Voraussetzung unzulässig war, von dem Registergerichte durch Eintragung eines Löschungsvermerkes wieder beseitigt werden kann.

Welche Voraussetzungen als wesentliche anzusehen sind,

darüber lassen sich nähere Bestimmungen im Gesetze nicht geben. Gerechtfertigt wird beispielsweise die Löschung einer Firma sein, die den gesetzlichen Vorschriften über die Bildung der Firma nicht entspricht oder sich von einer anderen bereits eingetragenen Firma nicht unterscheidet (Handelsgesetzbuch §§. 18 ff., §. 30). Dagegen darf eine Eintragung nicht schon um deswillen gelöscht werden, weil die ihr zu Grunde liegende Anmeldung von dem Betheiligten der Ordnungsvorschrift des §. 12 des Handelsgesetzbuchs entgegen weder persönlich bei dem Gerichte bewirkt noch in öffentlich beglaubigter Form eingereicht war.

Für das Verfahren bei der Beseitigung einer zu Unrecht erfolgten Eintragung sieht der §. 138 Abs. 2 vor, daß das Gericht den Betheiligten von der beabsichtigten Löschung zu benachrichtigen und ihm zugleich eine angemessene Frist zur Geltendmachung eines Widerspruchs zu bestimmen hat. Das weitere Verfahren richtet sich alsdann nach den Vorschriften, die im §. 137 Abs. 3, 4 für den Fall getroffen sind, daß das Erlöschen einer Firma von Amtswegen eingetragen werden soll (§. 138 Abs. 3). Versehen rein äußerlicher Art, beispielsweise Eintragungen, die an falscher Stelle, insbesondere bei einer Firma, zu der sie nicht gehören, erfolgt sind, können selbstverständlich kurzer Hand berichtigt werden.

Die Vorschriften des §. 138 kommen übrigens auch zur Anwendung, wenn ein Dritter, der durch die Eintragung in seinen Rechten beeinträchtigt ist, oder das zur Vertretung des Handelsstandes berufene Organ die Löschung einer zu Unrecht erfolgten Eintragung beantragt. Weigert sich das Registergericht, einem solchen Antrage stattzugeben, und wird hiergegen Beschwerde erhoben, so ist dem Landgerichte, falls es den Antrag für begründet erachtet, durch die allgemeinen Vorschriften über die Beschwerde freie Hand gelassen, entweder selbst die Sache zu erledigen oder sie an das Amtsgericht zurückzuverweisen. Wählt das Landgericht den ersteren Weg, so muß es seinerseits in Gemäßheit des §. 138 Abs. 2 dem von der beabsichtigten Löschung Betroffenen eine angemessene Frist zur Geltendmachung eines Widerspruchs bestimmen.

Der §. 139 Abs. 1 des Entwurfs ertheilt weiterhin dem Landgerichte, welches dem Registergerichte vorgeordnet ist, das Recht, die Löschung einer Eintragung auch ohne daß darüber eine Entscheidung des Registergerichts ergangen und gegen diese Entscheidung Beschwerde eingelegt ist, gemäß den Vorschriften des §. 138 von Amtswegen zu verfügen. Ist bei dem Landgericht eine Kammer für Handelssachen gebildet, so ist diese zuständig. Im Hinblick auf die bedenklichen Folgen, die sich aus unrichtigen Eintragungen in das Handelsregister für die Sicherheit des Verkehrs ergeben können, läßt sich eine Bestimmung, wie sie der §. 139 enthält, nicht entbehren. Zu dem hiernach zulässigen Vorgehen des Landgerichts kann auch die Justizverwaltung den Anstoß geben. Widerspricht ein Betheiligter der von dem Landgerichte gemäß §. 139 Abs. 1 eingeleiteten Löschung, so findet nach §. 139 Abs. 2 gegen die Verfügung, welche den Widerspruch zurückweist, die sofortige Beschwerde an das Oberlandesgericht statt. Diese Beschwerde unterliegt den allgemeinen Vorschriften des ersten Abschnitts, sie kann daher auch auf Mängel der Entscheidung in thatsächlicher Beziehung gestützt werden. Da das Landgericht in den hier in Frage stehenden Fällen als erste Instanz erkennt, so wäre es nicht gerechtfertigt, wenn die Zulässigkeit der Beschwerde von der Voraussetzung einer Gesetzesverletzung abhängig gemacht werden wollte. Andererseits erscheint es nicht erforderlich, gegen die über den Widerspruch ergehende Entscheidung des Oberlandesgerichts noch die Anrufung einer dritten Instanz zu ermöglichen Der letzte Satz des §. 139 schließt deshalb die weitere Beschwerde ausdrücklich aus. Da jedoch bei der Wichtigkeit der Fragen, um welche es sich in solchen Fällen nicht selten handeln wird, die Möglichkeit gewahrt bleiben muß, unter den im §. 27 bezeichneten Voraussetzungen die Entscheidung des Reichsgerichts herbeizuführen, so erklärt der Entwurf die Vorschriften des §. 27 Abs. 2, 3 auf die Beschwerde gegen die Entscheidung des Landgerichts für entsprechend anwendbar.

Der §. 140 des Entwurfs enthält besondere Vorschriften über die Löschung von Eintragungen, die sich auf Aktiengesellschaften, Kommanditgesellschaften auf Aktien oder Gesellschaften mit beschränkter Haftung beziehen. Sie stellen sich als eine Einschränkung des allgemeinen Grundsatzes dar, den der §. 138 zum Ausdruck bringt. Die Gesichtspunkte, auf denen sie beruhen, sind im Wesentlichen schon in der Denkschrift zu dem Entwurf eines Handelsgesetzbuchs (Verhandlungen des Reichstags 1895/97 Anl. Bd. 6 S. 3222 ff.) hervorgehoben.

Gemäß §. 309 des Handelsgesetzbuchs kann jeder Gesellschafter sowie jedes Mitgied des Vorstandes und des Aufsichtsraths einer Aktiengesellschaft, wenn der Gesellschaftsvertrag nicht die im §. 182 Abs. 2 näher bezeichneten wesentlichen Bestimmungen enthält oder wenn eine dieser Bestimmungen nichtig ist, im Wege der Klage beantragen, daß die Gesellschaft für nichtig erklärt werde. Bezüglich der meisten dieser Mängel ist indessen eine Heilung durch Beschluß der Generalversammlung zugelassen (Handelsgesetzbuch §. 310). Entsprechende Vorschriften gelten nach §. 320 Abs. 3 des Handelsgesetzbuchs und nach Art. 11 Nr. XXI des Einführungsgesetzes zum Handelsgesetzbuche für die Kommanditgesellschaft auf Aktien und die Gesellschaft mit beschränkter Haftung. Nur aus den im Gesetz ausdrücklich für wesentlich erklärten Mängeln kann eine Nichtigkeitsklage überhaupt erhoben werden, sonstige Verstöße, die bei der Errichtung der Gesellschaft vorgekommen sind, genügen nicht, um die Gültigkeit der eingetragenen Gesellschaft nachträglich in Frage zu stellen. Hiermit steht es im Einklang, wenn der §. 140 Abs. 1 des Entwurfs dem Registergerichte sowie dem vorgeordneten Landgerichte die Befugniß, gemäß den Vorschriften der §§. 138, 139 eine eingetragene Aktiengesellschaft, Kommanditgesellschaft auf Aktien oder Gesellschaft mit beschränkter Haftung zu löschen, nur für den Fall ertheilt, daß die Voraussetzungen der Nichtigkeitsklage vorliegen. Ist eine Gesellschaft auf Grund des §. 140 als nichtig gelöscht, so kommen bezüglich der Abwickelung ihrer Verhältnisse die Vorschriften des §. 311 des Handelsgesetzbuch oder des §. 75c des Gesetzes über die Gesellschaften mit beschränkter Haftung zur Anwendung.

Wie weiterhin der §. 140 Abs. 2 des Entwurfs bestimmt, kann ein in das Handelsregister eingetragener Beschluß der Generalversammlung oder Mitgliederversammlung einer Aktiengesellschaft, Kommanditgesellschaft auf Aktien oder Gesellschaft mit beschränkter Haftung nur dann gemäß den Vorschriften der §§. 138, 139 als nichtig gelöscht werden, wenn er durch seinen Inhalt zwingende Vorschriften des Gesetzes verletzt und seine Beseitigung im öffentlichen Interesse erforderlich erscheint. Die Löschung von Amtswegen ist daher nicht schon deshalb zulässig, weil ein Beschluß unter Verletzung der Vorschriften über die Berufung der Versammlung oder über die Abstimmung zu Stande gekommen ist oder weil der Inhalt des Beschlusses gegen Bestimmungen des Gesellschaftsvertrags oder gegen gesetzliche Vorschriften nicht zwingender Natur verstößt. Eine Anwendung der allgemeinen Löschungsbefugniß auf Fälle dieser Art wäre nicht gerechtfertigt, da es sich hier um Interessen handelt, deren

Wahrnehmung füglich den Betheiligten selbst überlassen bleiben darf. Verletzt dagegen der Beschluß Vorschriften, welche das Gesetz der Abänderung durch die Betheiligten entzieht, so kann es das öffentliche Interesse dringend fordern, daß die Ungültigkeit des Beschlusses im Wege der Löschung auch äußerlich zur Geltung gebracht und so der Ausführung entgegengetreten werde. Unter diesen Gesichtspunkt fallen beispielsweise Beschlüsse, durch welche in den Gesellschaftsvertrag Bestimmungen aufgenommen werden sollen, die den gesetzlichen Vorschriften über den Mindestbetrag der Aktien oder Stammeinlagen, über die Unzulässigkeit einer Rückzahlung der Einlagen, über die Höhe und Ausstattung des Reservefonds oder über die Amtsdauer des Aufsichtsraths einer Aktiengesellschaft zuwiderlaufen (Handelsgesetzbuch §§. 180, 213 ff., 243, 262, Gesetz, betreffend die Gesellschaften mit beschränkter Haftung, §§. 5, 30).

Sowohl in dem Falle der Nichtigkeit der Gesellschaft als in demjenigen der Nichtigkeit eines Gesellschaftsbeschlusses muß Sorge dafür getragen werden, daß die Löschung nicht erfolgt, ohne daß vorher der Gesellschaft ausreichende Zeit gelassen ist, den Mangel, auf welchem die Nichtigkeit beruht, selbst zu beseitigen. Im Abs. 3 des §. 140 ist deshalb bestimmt, daß die im §. 138 Abs. 2 bezeichnete Frist in den hier in Frage stehenden Fällen auf mindestens drei Monate zu bemessen ist.

In dem Falle, daß eine Nichtigkeits- oder Anfechtungsklage seitens eines Betheiligten gegen die Gesellschaft erhoben ist, wird der Registerrichter, wie es der Natur der Sache entspricht, zunächst den Ausgang des Rechtsstreits abzuwarten haben. Einer besonderen Vorschrift hierüber bedarf es nicht, da die allgemeine Bestimmung des §. 123 auch in diesem Falle Platz greift.

Ernennung von Liquidatoren, Revisoren u. s. w. (§. 141.)

Das Handelsgesetzbuch sieht für eine Reihe einzelner Angelegenheiten eine gerichtliche Mitwirkung vor, ohne über das Verfahren oder über die sachliche Zuständigkeit Bestimmungen zu treffen. Das Gericht hat unter Umständen Liquidatoren zu ernennen und abzuberufen (§. 146 Abs. 2, §. 147, §. 295 Abs. 2, 3), Revisoren für Aktiengesellschaften oder Kommanditgesellschaften auf Aktien zu bestellen, über Streitigkeiten zwischen ihnen und den Gründern zu entscheiden, die Auslagen dieser Revisoren und die ihnen zukommende Vergütung festzusetzen (§. 192 Abs. 3, §. 194, §. 266 Abs. 2). Ferner hat das Gericht unter den gesetzlichen Voraussetzungen die Aktionäre zur Berufung einer Generalversammlung zu ermächtigen (§. 254 Abs. 3) und Vertreter zur Führung eines Prozesses gegen die der Aktiengesellschaft verantwortlichen Personen zu bestellen (§. 268 Abs. 2). Nicht minder liegt es dem Gerichte ob, über Anträge des Kommanditisten oder stillen Gesellschafters auf Mittheilung einer Zwischenbilanz oder sonstiger Aufklärungen zu entscheiden sowie Anordnungen über die Aufbewahrung und Einsichtnahme der Bücher einer aufgelösten Handelsgesellschaft zu treffen (§. 157 Abs. 2, §. 166 Abs. 3, §. 302 Abs. 2, §. 338 Abs. 3). Endlich gehören hierher gewisse das Seerecht betreffende Angelegenheiten, nämlich die Aufnahme der Verklarung, die Feststellung der Nothwendigkeit des Verkaufs eines Schiffes oder der Aufnahme eines Bodmereidarlehens, die Bestimmung des Zeitpunktes, über welchen hinaus der Antritt der Reise eines auf Stückgüter angelegten Schiffes nicht verschoben werden darf, die Bestellung eines Dispacheurs und die Ernennung von Sachverständigen zur Abschätzung eines theilweisen Schadens am Schiffe (§. 524 Abs. 1, 2, §. 530 Abs. 1, §§. 590, 685, §. 729 Abs. 1, §. 884 Nr. 4). Für einen Theil dieser Maßregeln, wie die Ernennung und Abberufung von Liquidatoren einer offenen Handelsgesellschaft, die Anordnung der Mittheilung einer Zwischenbilanz an den Kommanditisten oder stillen Gesellschafter u. s. w., ist es nach dem geltenden Rechte nicht unzweifelhaft, ob die richterliche Entscheidung im Prozeßweg oder in einem einfachen Beschlußverfahren zu erfolgen hat. Vom Standpunkte der Gesetzgebung verdient aber jedenfalls der letztere Weg den Vorzug, weil es sich um Angelegenheiten handelt, die einer schleunigen Erledigung bedürfen (zu vergl. die Denkschrift zum Entwurf des Handelsgesetzbuches, Verhandlungen des Reichstags 1895/97 Anl. Bd. 6 S. 3190, 3194, 3212). Was die Zuständigkeit betrifft, so erklärt sich der Entwurf im §. 141 Abs. 1 für das Amtsgericht. Die Gründe, aus denen er die Amtsgerichte mit der Führung des Handelsregisters betraut, treffen hier gleichfalls zu, wie denn schon jetzt in dem größten Theile Deutschlands durch die Landesgesetzgebung die zur nichtstreitigen Rechtspflege gehörenden Handelssachen in ihrer Gesammtheit den Amtsgerichten zugewiesen sind. Ist die Führung des Handelsregisters nach §. 121 Abs. 2 für mehrere Amtsgerichtsbezirke einem Amtsgericht übertragen, so sind nach dem Entwurfe von diesem Amtsgericht auch die hier in Frage stehenden Angelegenheiten, soweit sie sich auf das Gesellschaftsrecht beziehen, zu erledigen. Es darf davon ausgegangen werden, daß das Gericht, bei welchem das Handelsregister für die einzelne Gesellschaft geführt wird, am sichersten in der Lage sein wird, deren Verhältnisse zu übersehen und die zweckdienlichen Anordnungen zu treffen. Auf dem gleichen Standpunkte stehen schon gegenwärtig die im §. 144 des Entwurfs angeführten Bestimmungen des Genossenschaftsgesetzes und des Gesetzes über die Gesellschaften mit beschränkter Haftung.

Das Verfahren in den durch den §. 141 des Entwurfs den Amtsgerichten zugewiesenen nichtstreitigen Handelssachen ist von den bestehenden Gesetzen nicht besonders geregelt. Auch der Entwurf beschränkt sich auf zwei Bestimmungen und beläßt es im Uebrigen bei den allgemeinen Grundsätzen des ersten Abschnitts. Im Abs. 1 des §. 142 ist zunächst bestimmt, daß das Gericht, sofern ein Gegner des Antragstellers vorhanden ist, ihn wenn thunlich zu hören hat. Inwieweit der Antragsteller einen Gegner im Sinne dieser Vorschrift hat, ist nach dem Inhalte der beantragten Verfügung, insbesondere danach zu beurtheilen, ob die Verfügung einen vorhandenen Streitpunkt erledigen soll. Dies ist beispielsweise der Fall, wenn ein Kommanditist oder ein stiller Gesellschafter die Mittheilung einer Zwischenbilanz oder sonstiger Aufklärungen beantragt; hier sind die persönlich haftenden Gesellschafter oder der Inhaber des Handelsgeschäfts als Gegner im Sinne des §. 142 Abs. 1 anzusehen und deshalb vor der Entscheidung zu hören. Ebenso wird das Gericht, wenn ein Theilhaber einer offenen Handelsgesellschaft die Ernennung oder Abberufung eines Liquidators beantragt, die übrigen Gesellschafter und, wenn sich ein Gesellschafter im Konkurse befindet, an seiner Stelle den Konkursverwalter sowie im Falle des § 135 des Handelsgesetzbuchs den Gläubiger, durch dessen Kündigung die Gesellschaft aufgelöst ist, zu hören haben (zu vergl. Handelsgesetzbuch §. 146 Abs. 2, 3). Handelt es sich um die Ernennung eines Liquidators für eine Aktiengesellschaft, so ist soweit thunlich allen Mitgliedern des Vorstandes Gelegenheit zur Aeußerung zu geben. Andererseits kommt bei einzelnen Angelegenheiten, die der §. 141 aufführt, ein Gegner des Antragstellers regelmäßig nicht in Betracht. Soll beispielsweise eine Verklarung abgelegt oder die Nothwendigkeit des Verkaufs eines Schiffes oder der Verbodmung festgestellt oder ein Dispacheur ernannt werden, so wird das Gericht dem Verlangen des Antragstellers stattzugeben haben, ohne einen der sonstigen Betheiligten zuzuziehen; eine vorgängige Anhörung der letzteren erscheint hier weder nothwendig noch mit der erforderlichen Beschleunigung des Verfahrens vereinbar.

Der Abs. 2 des §. 142 schreibt vor, daß gegen die Verfügung, durch welche über eine der im §. 141 des Entwurfs bezeichneten Angelegenheiten entschieden wird, nur die sofortige Beschwerde stattfindet. Das Interesse der Rechtssicherheit erfordert, daß die fraglichen Angelegenheiten ohne Verzug einer endgültigen Regelung entgegengeführt werden, und die zeitliche Beschränkung der Beschwerde ist daher nicht zu entbehren. Für einzelne dem Seerecht angehörende Angelegenheiten, deren Erledigung einer besonderen Beschleunigung bedarf, ist im Abs. 3 des §. 142 eine Anfechtung der Verfügung, durch welche dem Antrage stattgegeben wird, ganz ausgeschlossen.

Genossenschaftsregister. (§. 143.)

Der §. 143 des Entwurfs dehnt die das Handelsregister betreffenden Vorschriften der §§. 123 bis 128, 138, 139 auf das Genossenschaftsregister aus. Bezüglich der Vorschriften der §§. 129 ff. über das Ordnungsstrafverfahren bedarf es einer solchen Ausdehnung nicht, da diese Bestimmungen schon nach §. 152 Abs. 2 des Genossenschaftsgesetzes auch in den auf das Genossenschaftsregister bezüglichen Angelegenheiten Anwendung finden. Im Uebrigen erscheint dagegen eine ausdrückliche Vorschrift zur Sicherung eines übereinstimmenden Verfahrens in den Angelegenheiten des Handelsregisters und des Genossenschaftsregisters angezeigt. Was insbesondere die Bestimmungen der §§. 138, 139 über die Löschung unrichtiger Eintragungen betrifft, so hat es sich gerade auf dem Gebiete des Genossenschaftsrechts gegenüber der vielfach vorgekommenen Eintragung nichtiger Genossenschaften als ein erheblicher Mißstand herausgestellt, daß zur Zeit gesetzliche Vorschriften der gedachten Art fehlen. Diese Lücke wird durch die Ausdehnung der §§. 138, 139 auf das Genossenschaftsregister und durch die dem §. 140 entsprechenden Vorschriften des §. 143 Abs. 2 bis 4 ausgefüllt.

Gerichtliche Anordnungen auf Grund des Genossenschaftsgesetzes u. s. w. (§. 144.)

Der §. 144 enthält lediglich eine Erweiterung des §. 142. In dem Genossenschaftsgesetz und dem Gesetz über die Gesellschaften mit beschränkter Haftung sind einzelne nicht auf die Registerführung bezügliche Anordnungen den Registergerichten übertragen. Auf diese Angelegenheiten müssen nach Lage der

Verhältnisse die Vorschriften des §. 142 über die Anhörung der Betheiligten und über die sofortige Beschwerde in gleicher Weise Anwendung finden wie auf diejenigen nichtstreitigen Handelssachen, die durch den §. 141 des Entwurfs den Registergerichten zugewiesen sind (§. 144 Abs. 1). Im Zusammenhange hiermit sind noch Vorschriften über das Rechtsmittel der Beschwerde gegen eine Verfügung aufzunehmen, durch welche über den im §. 11 des Binnenschiffahrtsgesetzes und im §. 8 des Flößereigesetzes bezeichneten Antrag auf Beweisaufnahme bezüglich eines Schiffsunfalls oder über den im §. 87 Abs. 2 des ersteren Gesetzes bezeichneten Antrag auf Ernennung eines Dispacheurs entschieden wird. Entsprechend dem §. 142 Abs. 2, 3 bestimmt der Entwurf, daß gegen eine Verfügung, durch die ein solcher Antrag zurückgewiesen wird, nur die sofortige Beschwerde stattfindet und daß die Anfechtung einer Entscheidung, durch die einem solchen Antrage stattgegeben wird, überhaupt unzulässig ist. Sonstige Vorschriften in Ansehung der Beweisaufnahme bei Schiffsunfällen sind nicht erforderlich, da das Verfahren bei der Erhebung der Beweise schon in den §§. 12, 13 des Binnenschiffahrtsgesetzes geregelt ist.

Dispache. (§§. 145 bis 154.)

Die §§. 145 bis 154 betreffen das Verfahren bei der Aufmachung und Feststellung der Dispache. Der Erlaß von Vorschriften hierüber war nach Art. 731 Abs. 3 des Handelsgesetzbuchs und nach §. 87 Abs. 4 des Binnenschiffahrtsgesetzes bisher den Landesgesetzen vorbehalten. In das neue Handelsgesetzbuch und in das durch den Art. 12 des Einführungsgesetzes zu diesem abgeänderte Binnenschiffahrtsgesetz ist jedoch der betreffende Vorbehalt nicht aufgenommen worden, indem davon ausgegangen wurde, daß die in Frage kommenden Bestimmungen, soweit ein Bedürfniß dafür anzuerkennen sei, im Wege der Reichsgesetzgebung, und zwar in dem Gesetz über die Angelegenheiten der freiwilligen Gerichtsbarkeit, zu treffen sein würden (Denkschrift zu dem Entwurf eines Handelsgesetzbuchs, Verhandlungen des Reichstags 1895/97 Anl. Bd. 6 S. 3277, 3283 f.). Mit Bezug hierauf hat der Reichstag bei der Annahme des Handelsgesetzbuchs und des Einführungsgesetzes eine Resolution beschlossen, in der die verbündeten Regierungen ersucht wurden, über das Verfahren bei Aufstellung der Dispache und über die Ausführung derselben in dem Gesetz über die Angelegenheiten der freiwilligen Gerichtsbarkeit Bestimmungen zu treffen und ein beschleunigtes Verfahren ins Auge zu fassen. (Verhandlungen des Reichstags 1895/97 Anl. Bd. 7 S. 5587.)

Die hier befürwortete Regelung ist in den Bestimmungen des Entwurfs enthalten. Im Einzelnen ist dazu das Folgende zu bemerken:

Die Bestellung der Dispacheure erfolgt nach §. 729 des Handelsgesetzbuchs und nach §. 87 des Binnenschiffahrtsgesetzes entweder ein für allemal durch die hierzu berufenen Stellen oder, in Ermangelung eines ständigen Dispacheurs, für den einzelnen Fall durch das Gericht. Die gerichtliche Ernennung ist, soweit es sich um die sachliche Zuständigkeit und das Verfahren handelt, bereits in den §§. 141, 142 und 144 des Entwurfs geregelt; die örtliche Zuständigkeit ergiebt sich aus der Bestimmung des §. 145, wonach für die den Gerichten in Ansehung der Dispache obliegende Thätigkeit das Amtsgericht des Ortes zuständig ist, an welchem die Vertheilung der Havereischäden zu erfolgen hat (Handelsgesetzbuch §. 727, Binnenschiffahrtsgesetz §. 86). Hiermit ist der Kreis der durch Reichsgesetz zu treffenden Bestimmungen über die Bestellung der Dispacheure erschöpft. Namentlich lassen sich die Grundsätze, von welchen bei der Anstellung ständiger Dispacheure auszugehen ist, gesetzlich nicht näher bestimmen; es wird Sache der nach den Landesgesetzen mit der Anstellung betrauten Organe und der Aufsichtsbehörden sein, Sorge dafür zu tragen, daß auch für die Binnenschiffahrt an den dazu geeigneten Plätzen Dispacheure in ausreichender Zahl bestellt werden.

Dem Dispacheur kann nicht schlechthin die Verpflichtung auferlegt werden, jeden beliebigen Auftrag zur Aufmachung einer Dispache auszuführen; liegen die Voraussetzungen der großen Haverei nicht vor, so muß er befugt sein, unter Hinweis hierauf den Auftrag abzulehnen. Andererseits erscheint es nicht angängig, die Ertheilung der Dispache, deren die Betheiligten zur Geltendmachung ihrer Rechte bedürfen, lediglich von dem Ermessen des Dispacheurs abhängig zu machen, vielmehr ist den Betheiligten für den Fall der Ablehnung des dem Dispacheur ertheilten Auftrags die Möglichkeit zu gewähren, eine Entscheidung über die Berechtigung der Ablehnung herbeizuführen. Der §. 146 überträgt diese Entscheidung dem im §. 145 bezeichneten Gerichte; gegen dieselbe findet nur die sofortige Beschwerde statt. Besondere Zwangsmittel, um den Dispacheur zur Befolgung der gerichtlichen Entscheidung anzuhalten, sieht der Entwurf nicht vor. Es kann davon ausgegangen werden, daß sich ein öffentlich bestellter Dispacheur schon mit Rücksicht auf seine Stellung der Entscheidung des Gerichts unterwerfen wird, zumal er sich schadensersatzpflichtig macht, wenn er der rechtskräftig festgestellten Verpflichtung, die Dispache anzufertigen, nicht nachkommt. Der Dispacheur ist übrigens nach dem §. 146 des Entwurfs nicht verpflichtet, den Auftrag eines Betheiligten zur Aufmachung der Dispache abzulehnen, wenn seiner Ansicht nach die Voraussetzungen der großen Haverei nicht vorliegen. Er kann vielmehr in einem solchen Falle auch künftig, ebenso wie dies gegenwärtig vielfach geschieht, die Dispache unter Vorbehalt aufstellen und es den Betheiligten überlassen, ob sie trotz der Zweifel, die hinsichtlich der Voraussetzungen der großen Haverei obwalten, die Dispache anerkennen wollen. Auf den nur für die Binnenschiffahrt in Betracht kommenden Fall, daß der Schiffer, welchem nach §. 87 des Gesetzes vom 15. Juni 1895 die Anfertigung der Dispache zunächst obliegt, diese verweigert, beziehen sich die Vorschriften des §. 146 nicht. Sie erscheinen hier nicht angemessen und sind auch nicht nothwendig, weil es jedem Betheiligten freisteht, die Aufmachung der Dispache durch einen öffentlich bestellten Dispacheur zu verlangen und nöthigenfalls selbst einen Dispacheur damit zu beauftragen.

Nach den Vorschriften des Handelsgesetzbuchs und des Binnenschiffahrtgesetzes ist jeder Betheiligte verpflichtet, die zur Aufmachung der Dispache erforderlichen Urkunden, soweit sie zu seiner Verfügung stehen, namentlich Chartepartien, Frachtbriefe, Konnossemente, Ladescheine und Fakturen, dem Dispacheur mitzutheilen. Ein Mittel, die Aushändigung dieser Schriftstücke zu erzwingen, hat jedoch der Dispacheur nach dem geltenden Rechte nicht, und dies hat sich zuweilen als ein wesentliches Hinderniß für die Erledigung seiner Geschäfte erwiesen. Der §. 147 des Entwurfs füllt die bezeichnete Lücke aus, indem er bestimmt, daß auf Antrag des Dispacheurs das Gericht jedem Betheiligten unter Androhung von Ordnungsstrafen aufgeben kann, die in seinem Besitze befindlichen Schriftstücke, zu deren Mittheilung er gesetzlich verpflichtet ist, dem Dispacheur auszuhändigen. Zu Gunsten des Binnenschiffers, der sich der Aufmachung der Dispache unterzieht, ist der Erlaß von Anordnungen der bezeichneten Art im Entwurfe nicht vorgesehen; hierfür kann ein Bedürfniß nicht anerkannt werden.

Der §. 148 bestimmt, daß der Dispacheur oder, falls die Dispache durch den Binnenschiffer aufgemacht ist, dieser jedem Betheiligten Einsicht der Dispache zu gewähren und ihm auf Verlangen eine Abschrift zu ertheilen hat. Die Betheiligten müssen in der Lage sein, von dem Inhalte der Dispache Kenntniß zu nehmen, damit sie sich entschließen können, ob sie sich derselben unterwerfen oder Einwendungen gegen sie erheben sollen. Eine Mittheilung, die sich bloß auf das Ergebniß der Dispache oder auf einen Auszug aus derselben beschränkt, ist hierzu nicht unter allen Umständen genügend.

Der Entwurf sieht schließlich in den §§. 149 ff. ein gerichtliches Verfahren vor, auf Grund dessen die von dem Dispacheur oder Schiffer aufgemachte Dispache von dem nach §. 145 zuständigen Amtsgerichte, sei es unverändert, sei es nach vorgängiger Berichtigung, bestätigt und hierdurch mit der Wirkung der Vollstreckbarkeit ausgestattet wird. Ein Verfahren dieser Art ist gegenwärtig nur in Preußen und Mecklenburg-Schwerin eingeführt. Was Preußen betrifft, so sind die betreffenden Vorschriften, die sich übrigens lediglich auf die Seeschiffahrt beziehen, im Art. 57 des Einführungsgesetzes zum Handelsgesetzbuche vom 24. Juni 1861 und im §. 29 des Ausführungsgesetzes zur Civilprozeßordnung vom 24. März 1879 enthalten. Danach hat der Dispacheur die Dispache dem Gericht einzureichen, das alsdann die Betheiligten von Amtswegen ladet und, nachdem die etwa erhobenen Einwendungen durch gütliche Verständigung oder im Prozeßwege ihre Erledigung gefunden haben, die Dispache bestätigt. Die in Mecklenburg-Schwerin erlassenen Vorschriften (§. 72 der Verordnung zur Publikation des Handelsgesetzbuchs vom 28. Dezember 1863 und §. 12 der Verordnung, betreffend einzelne Angelegenheiten der nichtstreitigen Gerichtsbarkeit, vom 23. Juni 1879) stimmen im Wesentlichen mit den in Preußen geltenden Bestimmungen überein; nur sind sie auch auf die Binnenschiffahrt ausgedehnt worden (§. 2 der Verordnung zum Binnenschiffahrtsgesetz vom 28. Dezember 1895).

In den betheiligten Kreisen gehen die Ansichten darüber auseinander, ob sich ein besonderes Verfahren zur Feststellung der Dispache empfiehlt. Während auf der einen Seite, namentlich in den Hansestädten, die Frage verneint und darauf hingewiesen wird, daß der in der Mehrzahl der Bundesseestaaten bestehende Rechtszustand, wonach die Dispache nur das thatsächliche Gewicht eines von einem Sachverständigen abgegebenen Gutachtens besitze, sich bewährt habe und daß eine Mitwirkung der Gerichte nur zu Weiterungen und zu einer überflüssigen Vermehrung der Kosten führe, wird von anderen Seiten, darunter von den Vertretungen der Handels- und Schiffahrtstreibenden an bedeutenden Plätzen des Binnenlandes, ein möglichst einfaches und schleuniges Verfahren zur verbindlichen Feststellung der Dispache als dringend wünschenswerth bezeichnet. In dem letzteren Sinne hat sich auch der Reichstag in der oben erwähnten Resolution ausgesprochen.

In der That sprechen überwiegende Gründe dafür, es hinsichtlich der Behandlung und der Wirkungen der Dispache nicht lediglich bei den Bestimmungen des Handelsgesetzbuchs und des Binnenschiffahrtsgesetzes bewenden zu lassen. Die Verhältnisse an einzelnen großen Seeplätzen können in dieser Beziehung nicht ohne Weiteres maßgebend sein. Wenn es dort die Regel bildet, daß die Betheiligten sich freiwillig der von dem Dispacheur aufgemachten Dispache unterwerfen, so beruht dies vornehmlich auf dem Ansehen, das die Dispacheure an den betreffenden Orten zufolge des Umfangs ihrer Berufsthätigkeit und vermöge ihrer erprobten Erfahrung genießen. Diese Vorbedingungen sind anderwärts nicht oder doch nicht in gleichem Maße vorhanden und sie können auch nicht beliebig geschaffen werden. Namentlich läßt sich im Binnenschiffahrtsverkehre eine wirksame Durchführung der die große Haverei betreffenden Vorschriften nur erwarten, wenn für ein Verfahren gesorgt wird, vermöge dessen die Dispache eine weitergehende Bedeutung als diejenige eines unverbindlichen Gutachtens erhält.

Daß ein solches Verfahren nur in die Hand der Gerichte gelegt und nicht etwa den Dispacheuren selbst übertragen werden kann, liegt in der Natur der Sache. Dabei braucht aber nicht so weit gegangen zu werden, wie es in den oben erwähnten Gesetzen Preußens und Mecklenburgs geschehen ist. Nach diesen soll das gerichtliche Verfahren in jedem Falle von Amtswegen eingeleitet werden, und dem Dispacheur ist zu diesem Zwecke die Verpflichtung auferlegt, die Dispache, sobald sie aufgemacht ist, dem Gericht einzureichen. Ferner werden nach den bezeichneten Gesetzen immer die sämmtlichen Betheiligten in das Verfahren hineingezogen, ohne Unterschied, ob sie Einwendungen gegen die Dispache erheben oder nicht, insbesondere auch dann, wenn sie die ihnen zur Last fallenden Beiträge entrichtet haben oder doch zu entrichten bereit sind. Ein Bedürfniß, die Mitwirkung des Gerichts in solchem Umfang eintreten zu lassen und das Verfahren soweit auszudehnen, besteht nicht; nach beiden Richtungen müssen die Bedenken gegen eine Regelung im Sinne der preußischen und mecklenburgischen Bestimmungen in der That als begründet anerkannt werden. Die Bedenken erledigen sich aber, wenn die Mitwirkung des Gerichts nicht von Amtswegen, sondern nur auf Antrag eines Betheiligten eintritt und wenn es dem Antragsteller überlassen bleibt, diejenigen Personen zu bezeichnen, welche zu dem Verfahren zugezogen werden sollen; alsdann wird von dem Verfahren nur gegenüber solchen Betheiligten Gebrauch gemacht werden mit denen eine außergerichtliche Verständigung nicht zu erreichen ist oder gegen die sich eine Zwangsvollstreckung als nothwendig erweist. Die Wirkungen, welche mit der gerichtlichen Bestätigung der Dispache verbunden sind, müssen dabei selbstverständlich auf die zu dem Verfahren zugezogenen Betheiligten beschränkt bleiben. In diesem Sinne ist der Gegenstand im Entwurfe geregelt.

Die Entscheidung der in dem Verfahren hervortretenden Streitpunkte gehört nicht zu den Aufgaben des Amtsgerichts; das Verfahren würde sonst ganz aus dem Rahmen einer Angelegenheit der freiwilligen Gerichtsbarkeit heraustreten und sich zu einem von den Formen des Civilprozesses befreiten Rechtsstreite gestalten. Hierfür besteht kein Bedürfniß, und bei der Wichtigkeit der in Fällen der großen Haverei in Frage kommenden Interessen ließe es sich auch nicht rechtfertigen, den Betheiligten den Weg des Prozesses zu verschließen. Das Verfahren des Entwurfs hat vielmehr nur den Zweck, eine Verständigung der an dem Verfahren Betheiligten zu befördern und, soweit diese nicht erfolgt, die schleunige Erledigung der verbleibenden Streitpunkte im Prozeßwege zu sichern, damit auf der so gewonnenen, nicht mehr bestrittenen Grundlage die Rechte der Betheiligten festgestellt werden können. Demgemäß hat das Amtsgericht Aenderungen der Dispache nur insoweit vorzunehmen, als ein Widerspruch erhoben und dieser von den an dem Verfahren betheiligten Personen, deren Rechte dadurch betroffen werden, als begründet anerkannt oder durch ein gegen sie erwirktes rechtskräftiges Urtheil für gerechtfertigt erklärt ist.

Was die Versäumnißfolgen anlangt, welche eintreten, wenn ein Betheiligter in dem von dem Gerichte bestimmten Verhandlungstermine nicht erscheint und sich auch sonst nicht erklärt oder wenn ein Betheiligter es unterläßt, den von ihm erhobenen Widerspruch innerhalb der hierzu gewährten Frist durch Erhebung der Klage zu verfolgen, so schließt sich der Entwurf im Wesentlichen den Vorschriften an, welche in der Civilprozeßordnung für das Vertheilungsverfahren getroffen sind. Hinsichtlich der Dauer der Frist für die Erhebung der Klage sowie hinsichtlich der Folgen der Fristversäumung und der Zuständigkeit für die Klagen sind die §§. 764, 765 der Civilprozeßordnung mit einzelnen durch die Natur der Sache gebotenen Abweichungen für entsprechend anwendbar erklärt.

Lehnt das Gericht die von einem Betheiligten beantragte Einleitung des gerichtlichen Verfahrens über die Dispache ab, wozu es nach §. 149 namentlich dann befugt ist, wenn ein Fall der großen Haverei offensichtlich nicht vorliegt, so findet gegen diese Verfügung die sofortige Beschwerde statt (§. 153). Das gleiche Rechtsmittel steht den Betheiligten gegen die Verfügung über die Bestätigung der Dispache zu. Jedoch kann es der Natur der Sache nach dem Beschwerdeführer nicht gestattet sein, Einwendungen gegen die Dispache, zu deren Geltendmachung ihm der Weg des Widerspruchs bei dem Amtsgericht offen stand, nachträglich mittelst der Beschwerde geltend zu machen. Zur Verhütung von Mißverständnissen ist diese Beschränkung im §. 153 noch besonders ausgesprochen. Ferner findet, da für die Zwangsvollstreckung aus der Dispache die Vorschriften der Civilprozeßordnung gelten, auch in Betreff einer nachträglichen Geltendmachung von Einwendungen im Wege der Klage die beschränkende Vorschrift des §. 686 Abs. 2 der Civilprozeßordnung entsprechende Anwendung, wonach die Geltendmachung von Einwendungen, welche einen durch Urtheil festgestellten Anspruch betreffen, nur insoweit zulässig ist, als die Gründe, auf denen sie beruhen, erst nach dem Schlusse derjenigen mündlichen Verhandlung, in welcher sie geltend gemacht werden konnten, entstanden sind. Es ist selbstverständlich, daß diese Beschränkung ausschließlich in Ansehung solcher Einwendungen Platz greift, zu deren Erledigung das Verfahren vor dem Amtsgerichte bestimmt ist. Unberührt von ihr bleibt daher insbesondere der Einwand, daß der dem Kläger zur Last fallende Havereibeitrag bereits vor der Einleitung des gerichtlichen Verfahrens bezahlt worden sei. Denn der betreffende Beitrag war der Zahlung ungeachtet in die Dispache aufzunehmen; die erfolgte Zahlung berührte daher die Richtigkeit der Dispache nicht.

Nicht selten wird bei Güterversendungen, die mittelst deutscher Schiffe nach dem Auslande bewirkt werden, durch Konnossementsklausel bestimmt, daß für den Fall einer großen Haverei die Dispache nicht am Bestimmungsorte (Handelsgesetzbuch §. 727), sondern in dem deutschen Hafen aufgemacht werden soll. Im Interesse der deutschen Schiffahrt liegt es, daß den Rhedern die Aufnahme einer solchen Klausel in das Konnossement nicht erschwert wird. Das Bestätigungsverfahren des Entwurfs wird deshalb hier keine Anwendung finden dürfen; denn die im Auslande wohnenden Ladungsempfänger würden Bedenken tragen, sich jener Konnossementsbestimmung zu unterwerfen, wenn sich für sie daraus die Nothwendigkeit ergeben könnte, einen Widerspruch gegen die Dispache binnen bestimmter Frist bei dem deutschen Gerichte geltend zu machen. Einer besonderen Vorschrift bedarf es jedoch in dieser Beziehung nicht, da nach §. 145 die Bestimmungen des Entwurfs überhaupt nur für Dispachen gelten, die auf Grund des Handelsgesetzbuchs oder des Binnenschiffahrtsgesetzes im Inlande aufzumachen sind.

Was die Binnenschiffahrt betrifft, so ergiebt sich aus der Fassung des §. 149, daß die Vorschriften über das gerichtliche Bestätigungsverfahren, ebenso wie die Bestimmungen der §§. 146, 147 nur auf die von einem Dispacheur, nicht auch auf die von dem Schiffer aufgemachte Dispache Anwendung finden. Da der Schiffer selbst Partei ist oder doch den unmittelbar betheiligten Schiffseigner vertritt, so muß es bedenklich erscheinen, eine von ihm aufgemachte Dispache zur Grundlage eines Verfahrens zu machen, das im Ergebnisse zu einer gewissen Erschwerung des Widerspruchs gegen die Dispache führt und deshalb nur gerechtfertigt erscheint, wenn diese von einem unparteiischen Sachverständigen aufgestellt ist.

Achter Abschnitt.

Vereinssachen und Güterrechtsregister.

(§§. 155 bis 157.)

Die §§. 155, 157 des Entwurfs dehnen die Bestimmungen, die in dem vorhergehenden Abschnitt über das Verfahren bei Eintragungen in das Handelsregister getroffen sind, auf das Vereinsregister und das Güterrechtsregister (Bürgerliches Gesetzbuch §§. 55 ff., 1558 ff.) insoweit aus, als sie sich hier zur Anwendung eignen.

Der §. 156 des Entwurfs enthält einige besondere Bestimmungen für den Fall, daß Mitglieder eines Vereins die Berufung der Mitgliederversammlung verlangen, dem Verlangen aber nicht entsprochen wird. Nach dem §. 37 des Bürgerlichen Gesetzbuchs kann in einem solchen Falle das Amtsgericht, in dessen Bezirke der Verein seinen Sitz hat, die Mitglieder, welche das Verlangen gestellt haben, zur Berufung der Versammlung ermächtigen und über die Führung des Vorsitzes in der Versammlung Bestimmung treffen. Eine entsprechende Vorschrift gilt nach §. 254 des Handelsgesetzbuchs für die Aktiengesellschaft. Im Anschluß an die Bestimmungen, die zur Ausführung dieser Vorschrift im §. 142 Abs. 1, 2 des Entwurfs getroffen sind, sieht der §. 156 des Entwurfs vor, daß das Gericht vor der Verfügung, durch welche es über die Berufung der Mitgliederversammlung entscheidet, den Vorstand des Vereins soweit thunlich hören soll und daß gegen die Verfügung die sofortige Beschwerde stattfindet.

Für einzelne Fälle hat bereits das Bürgerliche Gesetzbuch (§§. 60, 73) das Beschwerdeverfahren in Vereinssachen durch Verweisung auf die Vorschriften der Civilprozeßordnung geregelt. Diese besonderen Bestimmungen werden selbstverständlich durch die in den §§. 18 bis 27 des Entwurfs getroffenen allgemeinen Bestimmungen über das Beschwerdeverfahren nicht berührt.

Zufolge der Vorschrift des §. 9 Abs. 3 des Handelsgesetzbuchs hat das mit der Führung des Handelsregisters betraute Gericht auf Verlangen eine Bescheinigung darüber zu ertheilen, daß bezüglich des Gegenstandes einer Eintragung weitere Eintragungen nicht vorhanden sind oder daß eine bestimmte Eintragung in das Register nicht erfolgt ist. Eine entsprechende Vorschrift enthält der §. 158 des Entwurfs für das Vereinsregister und das Güterrechtsregister. In Verbindung mit dem §. 69 des Bürgerlichen Gesetzbuchs und dem §. 34 der Grundbuchordnung ist die Vorschrift namentlich geeignet, den Verkehr mit dem Grundbuchamte zu erleichtern.

Neunter Abschnitt.

Offenbarungseid. Untersuchung und Verwahrung von Sachen. Pfandverkauf.

Der neunte Abschnitt faßt einzelne Vorschriften zusammen, die sich auf verschiedene Angelegenheiten der freiwilligen Gerichtsbarkeit beziehen.

Offenbarungseid. (§. 159.)

Wer über eine mit Einnahmen verbundene Verwaltung Rechenschaft abzulegen hat, ist nach §. 259 des Bürgerlichen Gesetzbuchs, wenn Grund zu der Annahme besteht, daß er die Einnahme nicht gehörig angegeben habe, zur Leistung eines Offenbarungseides verpflichtet, und unter der entsprechenden Voraussetzung kann nach den §§. 260, 2028, 2057 auch in anderen Fällen die Leistung eines Offenbarungseides verlangt werden, insbesondere gegenüber demjenigen, welcher einen Vermögensinbegriff herauszugeben oder über einen solchen Inbegriff Auskunft zu ertheilen hat. Das für die Abnahme des Eides zuständige Amtsgericht ist schon durch § 261 des Bürgerlichen Gesetzbuchs bestimmt. Im Entwurfe sind daher nur noch Vorschriften über die Anberaumung des Termins und die Ladung zu treffen. Hierauf bezieht sich der §. 159. Uebrigens kommt der §. 159 des Entwurfs, ebenso wie der § 261 des Bürgerlichen Gesetzbuchs, nicht zur Anwendung, wenn der Schuldner im Prozeßwege zur Leistung des Eides verurtheilt worden ist. In dem letzteren Falle erfolgt vielmehr die Eidesleistung nach dem für die Civilprozeßordnung in Aussicht genommenen §. 774a vor dem Prozeßgericht erster Instanz und sind für das Verfahren lediglich die Vorschriften der Civilprozeßordnung maßgebend.

Untersuchung und Verwahrung von Sachen. (§§. 160, 161.)

Der §. 160 Abs. 1 bestimmt, daß in den Fällen, in denen nach den Vorschriften des bürgerlichen Rechtes Jemand den Zustand oder den Werth einer Sache durch Sachverständige feststellen lassen kann, für die Ernennung, Beeidigung und Vernehmung der Sachverständigen das Amtsgericht zuständig ist, in dessen Bezirke sich die Sache befindet; um besonderen Verhältnissen Rechnung zu tragen, ist aber den Betheiligten die Möglichkeit gewährt, durch eine ausdrückliche Vereinbarung die Zuständigkeit eines anderen Amtsgerichts zu begründen. Es handelt sich bei den Vorschriften des §. 160 namentlich um das Recht des Nießbrauchers und des Eigenthümers auf Feststellung des Zustandes oder des Werthes der mit dem Nießbrauche belasteten Sache sowie um die Befugniß des Ehegatten, des Vorerben und des Nacherben, den Zustand der zum eingebrachten Gute oder zur Erbschaft gehörigen Sachen durch Sachverständige feststellen zu lassen (Bürgerliches Gesetzbuch §§. 1034, 1067, 1372, 1439, 1528, 1550, 2122). Auch kommt der §. 160 in solchen Fällen zur Anwendung, in denen Jemand auf Grund landesgesetzlicher Vorschriften privatrechtlichen Inhalts berechtigt ist, die Feststellung des Zustandes oder des Werthes einer Sache durch Sachverständige zu verlangen; doch kann die Landesgesetzgebung für diese Fälle nach §. 185 des Entwurfs abweichende Bestimmungen treffen. Der Abs. 2 des §. 160, welcher die Beschwerde gegen eine Verfügung ausschließt, die dem Antrage auf Vernehmung eines Sachverständigen stattgiebt, entspricht der Vorschrift des §. 142 Abs. 3 des Entwurfs und des §. 451 Abs. 2 der Civilprozeßordnung. Ebenso schließt sich die Bestimmung des §. 160 Abs. 3, wonach in dem Verfahren der Gegner soweit thunlich zuzuziehen ist, dem Vorgange des §. 452 der Civilprozeßordnung an.

Nach den Vorschriften des Bürgerlichen Gesetzbuchs (§§. 432, 1217, 1281, 2039) tritt, falls eine Sache an Mehrere gemeinschaftlich zu leisten ist oder der Pfandgläubiger die Rechte des Verpfänders beeinträchtigt, unter Umständen die Bestellung eines Verwahrers ein. Der §. 161 des Entwurfs erklärt hier das Amtsgericht für zuständig, in dessen Bezirke sich die zu leistende Sache oder das Pfand befindet. Zugleich bestimmt er, daß über eine von dem Verwahrer beanspruchte Vergütung das Amtsgericht entscheidet (vergl. §§. 688 bis 690 des Bürgerlichen Gesetzbuchs, §§. 7, 153 des Gesetzes über die Zwangsversteigerung und die Zwangsverwaltung). Weiterhin sieht er vor, daß die Betheiligten soweit thunlich vor der Bestellung des Verwahrers und vor der Entscheidung über die Vergütung gehört werden, damit sie sich über die Zulässigkeit der Bestellung und über die Person des Verwahrers sowie über die von diesem beanspruchte Vergütung äußern können.

Pfandverkauf. (§. 162.)

Der §. 162 betrifft den Pfandverkauf. Gemäß §. 1246 des Bürgerlichen Gesetzbuchs kann, wenn eine von den gesetzlichen Bestimmungen abweichende Art des Pfandverkaufs nach billigem Ermessen den Interessen der Betheiligten entspricht, jeder von ihnen verlangen, daß der Verkauf in dieser Art erfolgt, und es hat, sofern eine Einigung nicht zu Stande kommt, das Gericht zu entscheiden. Der Entwurf überträgt die Entscheidung dem Amtsgerichte des Ortes, in welchem das Pfand aufbewahrt wird, da an diesem Orte regelmäßig auch der Verkauf erfolgt, um dessen Ausführung es sich handelt. Die Entscheidung des Gerichts tritt zufolge des allgemeinen Grundsatzes des §. 15 Abs. 1 sofort in Wirksamkeit. Das liegt auch im Interesse des Gläubigers, der durch einen zu langen Aufschub des Verkaufs leicht geschädigt werden könnte.

Ist eine Willenserklärung einem Anderen gegenüber abzugeben, so kann nach dem §. 132 des Bürgerlichen Gesetzbuchs unter den dort näher bestimmten Voraussetzungen die Zustellung der Erklärung gemäß den für die öffentliche Zustellung einer Ladung geltenden Vorschriften der Civilprozeßordnung erfolgen. Die gleiche Bestimmung sieht der §. 176 des Bürgerlichen Gesetzbuchs für den Fall vor, daß die Kraftloserklärung einer Vollmachtsurkunde veröffentlicht werden soll. Da die sachliche und örtliche Zuständigkeit für die Bewilligung der öffentlichen Zustellung und die Veröffentlichung bereits im Bürgerlichen Gesetzbuche geregelt ist und nach den §§. 132, 176 daselbst im Uebrigen, namentlich hinsichtlich der Beschwerde gegen die Verfügung, durch welche über die Bewilligung entschieden wird, die Vorschriften der Civilprozeßordnung (§§. 187 ff., 530) maßgebend sind, so bedarf es zur Ausführung der §§. 132, 176 des Bürgerlichen Gesetzbuchs hier weiterer Vorschriften nicht. Das Gleiche gilt von dem §. 1052 des Bürgerlichen Gesetzbuchs, demzufolge, falls der Nießbraucher zur Sicherheitsleistung rechtskräftig verurtheilt ist, auf Verlangen des Eigenthümers die Ausübung des Nießbrauchs für Rechnung des Nießbrauchers einem vom Gerichte zu bestellenden Verwalter übertragen werden soll. Die Anordnnng dieser Verwaltung und das darauf bezügliche Verfahren bestimmt sich nach den Vorschriften der Civilprozeßordnung über die Zwangsvollstreckung.

Zehnter Abschnitt.

Gerichtliche und notarielle Urkunden.

Der zehnte Abschnitt ordnet die Zuständigkeit und das Verfahren für die Aufnahme gerichtlicher und notarieller Urkunden.

Zuständigkeit zur Aufnahme gerichtlicher Urkunden. (§. 163.)

Der Entwurf hält sich auch hier in den durch seine Aufgabe gezogenen Grenzen. Demgemäß sieht er insbesondere davon ab, die Fälle, in denen überhaupt eine Mitwirkung der Gerichte bei der Aufnahme von Urkunden stattfindet, zu bestimmen. Wohl aber regelt er, soweit nach den Vorschriften anderer Gesetze zur Beurkundung eines Rechtsgeschäfts, sowie zur Beglaubigung eines Handzeichens die Gerichte berufen sind, die sachliche Zuständigkeit, und zwar überträgt er diese Geschäfte, im Anschluß an die überwiegende Mehrzahl der geltenden Rechte, den Amtsgerichten (§. 163 Abs. 1).

Von besonderer Bedeutung ist die Vorschrift für die zahlreichen Fälle, in denen nach dem Bürgerlichen Gesetzbuche (z. B. §§. 126, 128, 129, 311 bis 313, 518, 1434, §. 1491 Abs. 2,

§. 1501 Abs. 2, §§. 1750, 1770, 2231, 2276) die gerichtliche oder notarielle Beurkundung eines Rechtsgeschäfts oder die gerichtliche oder notarielle Beglaubigung eines Handzeichens erforderlich ist. Indessen kommt die Vorschrift auch auf den sonstigen Gebieten des bürgerlichen Rechtes zur Anwendung, so bei der gerichtlichen Verhandlung, in welcher die Gründer einer Aktiengesellschaft den Inhalt des Gesellschaftsvertrags feststellen oder Aktien übernehmen (Handelsgesetzbuch §§. 182, 188).

Unberührt bleibt selbstverständlich die Befugniß der Landesgesetzgebung, nach Maßgabe des Art. 141 des Einführungsgesetzes zum Bürgerlichen Gesetzbuche die Beurkundung von Rechtsgeschäften, die gerichtlicher oder notarieller Beurkundung bedürfen, ausschließlich den Notaren zu übertragen.

Ist durch Gesetz für eine Erklärung öffentliche Beglaubigung angeordnet, so muß nach §. 129 des Bürgerlichen Gesetzbuchs die Erklärung schriftlich abgefaßt und die Unterschrift des Erklärenden von der zuständigen Behörde oder einem zuständigen Beamten oder Notar beglaubigt werden. Zur Ausführung dieser Vorschrift bestimmt der §. 163 Abs. 2 des Entwurfs im Anschluß an das im größten Theile Deutschlands schon jetzt geltende Recht, daß für die öffentliche Beglaubigung einer Unterschrift außer den Notaren die Amtsgerichte zuständig sind (zu vergl. das preußische Gesetz vom 15. Juli 1890 §. 8, das sächsische Gesetz, die Beglaubigung von Privaturkunden betreffend, vom 4. November 1890, das hessische Ausführungsgesetz zur Civilprozeßordnung vom 4. Juni 1879 Art. 1). Die Regelung darf aber nicht in dem Sinne erfolgen, daß die Notare und Amtsgerichte ausschließlich für die Beglaubigung von Unterschriften zuständig wären. Eine derartige Regelung würde den Verkehr erschweren und vielfach dem geltenden Rechte widersprechen. Der §. 187 Abs. 1 des Entwurfs läßt deshalb die landesgesetzlichen Vorschriften in Kraft, nach denen zur Beglaubigung von Unterschriften neben den Notaren oder Amtsgerichten andere Behörden oder Beamte zuständig sind. Dieser Vorbehalt umfaßt auch solche bei einem Amtsgericht angestellten Beamten, die nicht Richter sind. Im Anschluß an den Art. 141 des Einführungsgesetzes zum Bürgerlichen Gesetzbuche gewährt ferner der §. 187 Abs. 2 des Entwurfs der Landesgesetzgebung die Befugniß, die Zuständigkeit der Amtsgerichte für die öffentliche Beglaubigung einer Unterschrift oder eines Handzeichens auszuschließen (zu vergl. Verhandlungen des Reichstags 1895/97 Anl. Bd. 1 S. 850 Anm. 1). Die schon im §. 129 des Bürgerlichen Gesetzbuchs bestimmte Zuständigkeit der Notare darf dagegen nicht durch Landesgesetz ausgeschlossen werden.

In den §§. 1718 und 1720 legt das Bürgerliche Gesetzbuch der Anerkennung der Vaterschaft besondere Wirkungen bei, wenn diese Anerkennung in einer öffentlichen Urkunde erfolgt. Die Vorschriften, welche der Entwurf im §. 163 Abs. 2 und im §. 187 Abs. 1 hinsichtlich der Beglaubigung von Unterschriften giebt, eignen sich auch zur Anwendung auf die bezeichneten Urkunden, und der Entwurf hat daher die Zuständigkeit für die Aufnahme dieser Urkunden in gleichem Sinne geordnet.

Die Vorschriften des §. 163 beziehen sich übrigens nicht auf die Beurkundung prozessualischer Rechtsgeschäfte. Wird ein Rechtsgeschäft, das nach dem bürgerlichen Rechte der gerichtlichen oder notariellen Beurkundung bedarf, in der prozessualischen Form des Vergleichs, des Verzichts oder der Anerkennung vorgenommen, so hat die Beurkundung nach den Bestimmungen der Civilprozeßordnung zu erfolgen.

Verfahren bei der Aufnahme gerichtlicher oder notarieller Urkunden. (§§. 164 bis 179.)

Was das Verfahren bei der Aufnahme gerichtlicher oder notarieller Urkunden anlangt, so hat sich das Bürgerliche Gesetzbuch darauf beschränkt, die Formen für die Testamentserrichtung sowie für den Abschluß eines Erbvertrags festzustellen (§§. 2233 bis 2245, 2276). Dagegen enthält es keine Bestimmungen darüber, wie der Richter oder Notar in den sonstigen Fällen zu verfahren hat, in welchen die gerichtliche oder notarielle Beurkundung eines Rechtsgeschäfts vorgesehen ist. Eine gleichmäßige Regelung des Verfahrens ist indessen auch hier durch die Bedürfnisse des Rechtsverkehrs geboten. Der Entwurf schließt sich bei dieser Regelung in der Hauptsache den Bestimmungen des Bürgerlichen Gesetzbuchs über das Testament und den Erbvertrag an, berücksichtigt aber zugleich die Vorschriften der geltenden Landesgesetze.*) Uebrigens finden die Vorschriften des

---

*) Zu vergl. für Preußen Allgemeine Gerichtsordnung Theil II Titel 2, 8, Gesetz über das Verfahren bei Aufnahme von Notariatsinstrumenten vom 11. Juli 1845, Gesetz, enthaltend Bestimmungen über das Notariat und über die gerichtliche oder notarielle Beglaubigung von Unterschriften oder Handzeichen, vom 15. Juli 1890, rheinische Notariatsordnung vom 25. April 1822, hannoversche Notariatsordnung vom 18. September 1853, für Bayern Gesetz, das Notariat betreffend

Entwurfs nicht nur auf diejenigen Rechtsgeschäfte Anwendung, hinsichtlich deren ausdrücklich gerichtliche oder notarielle Beurkundung durch Gesetz oder Rechtsgeschäft vorgesehen ist, sondern sie greifen auch dann Platz, wenn eine Erklärung, die nur der öffentlichen Beurkundung bedarf, im einzelnen Falle von einem Richter oder Notar beurkundet wird. Für die öffentliche Beurkundung, die nicht von einem Richter oder Notar vorgenommen wird, bleiben sie dagegen außer Betracht; in dieser Beziehung muß es vielmehr mit Rücksicht auf die Verschiedenartigkeit der in den einzelnen Bundesstaaten bestehenden Einrichtungen bei den landesgesetzlichen Vorschriften verbleiben. Auch die gerichtliche oder notarielle Beurkundung von Beschlüssen der Generalversammlung einer Aktiengesellschaft oder einer Kommanditgesellschaft auf Aktien sowie der Mitgliederversammlung eines Vereins fällt nicht unter die Vorschriften des Entwurfs. In Uebereinstimmung mit der Rechtsprechung des Reichsgerichts geht der Entwurf davon aus, daß es sich hier nicht um die Beurkundung eines Rechtsgeschäfts, sondern eines thatsächlichen Vorgangs handelt. Es bewendet daher insoweit auf dem Gebiete des Handelsrechts lediglich bei den Vorschriften des Handelsgesetzbuchs (§. 259, §. 320 Abs. 3), auf dem Gebiete des sonstigen bürgerlichen Rechtes bei den landesgesetzlichen Vorschriften (zu vergl. die sächsische Notariatsordnung vom 5. September 1892 §. 31). Da das Bürgerliche Gesetzbuch (§§. 32 ff.), abweichend von den Vorschriften des Handelsgesetzbuchs über die Aktiengesellschaft und die Kommanditgesellschaft auf Aktien, für die Beschlüsse der Mitgliederversammlung eines Vereins die gerichtliche oder notarielle Beurkundung nicht vorgeschrieben hat, so kommt eine solche Beurkundung hier überhaupt nur in Betracht, falls sie in der Satzung des Vereins vorgesehen sein sollte.

Zuziehung von Zeugen.

Entsprechend der Richtung der neueren Gesetze (preußisches Gesetz vom 15. Juli 1890 §. 4, bayerisches Notariatsgesetz Art.

vom 10. November 1861, für Sachsen Notariatsordnung vom 5. September 1892, für Württemberg Notariatsordnung vom 25. Oktober 1808, für Baden Rechtspolizeigesetz vom 6. Februar 1879 §§. 26 ff. und Notariatsordnung vom 2. November 1889, für Hessen Gesetz, betreffend das Notariat in Rheinhessen, vom 11. Juni 1879, für Sachsen-Altenburg Notariatsordnung vom 1. März 1889, für Lübeck Notariatsordnung vom 4. Dezember 1885, für Bremen Notariatsordnung vom 16. November 1880, für Hamburg revidirte Notariatsordnung vom 29. Juni 1888.

53 ff., sächsische Notariatsordnung §. 17, badisches Rechtspolizeigesetz Art. 44 ff. und badische Notariatsordnung §. 33, hessisches Gesetz, betreffend das Notariat in Rheinhessen, vom 11. Juni 1879 Art. 21) geht der Entwurf davon aus, daß es der Regel nach auch bei der notariellen Beurkundung nicht der Zuziehung von Zeugen bedarf. Einzelne der genannten Gesetze, wie die von Bayern, Sachsen und Baden, sehen allerdings vor, daß der Notar bei der Verhandlung oder wenigstens bei der Vorlesung und Unterzeichnung des Protokolls zwei Zeugen oder einen zweiten Notar dann zuziehen muß, wenn ein Betheiligter es verlangt. Indessen ist auch eine in dieser Weise beschränkte Bestimmung durch das Bedürfniß nicht geboten.

Beurkundung der Erklärungen von Personen, die mit bestimmten Mängeln behaftet sind. (§. 165.)

Besondere Vorschriften trifft der Entwurf für die Fälle, in denen die Erklärung einer Person beurkundet werden soll, die taub, blind, stumm oder sonst am Sprechen verhindert ist. Nach §. 165 muß hier der Richter einen Gerichtsschreiber oder zwei Zeugen, der Notar einen zweiten Notar oder zwei Zeugen zuziehen. Ob einer der bezeichneten Mängel vorliegt, bestimmt sich lediglich nach der Ueberzeugung des beurkundenden Richters oder Notars. Der Entwurf beugt auf diese Weise etwaigen Streitigkeiten über die Gültigkeit von Beurkundungen vor, bei denen eine solche Zuziehung nicht erfolgt ist (zu vergl. §. 2243 Abs. 1 des Bürgerlichen Gesetzbuchs). Hinsichtlich der Beurkundung von Erklärungen tauber Personen finden sich in einigen der geltenden Gesetze noch weitere Erschwerungen. Indessen erscheinen derartige Vorschriften entbehrlich. Der Taube ist (§. 173 Abs. 1 des Entwurfs) stets in der Lage, sich das Protokoll zur Durchsicht vorlegen zu lassen; ist er aber des Lesens nicht kundig, so bleibt es seinem Ermessen anheimgestellt, ob er das Protokoll im Vertrauen auf die Gewissenhaftigkeit des Beurkundenden und der weiter zugezogenen Personen einfach genehmigen oder sich vorher durch eine der Zeichensprache kundige Vertrauensperson von dem Inhalt unterrichten will. Auf dem gleichen Standpunkte steht auch das Bürgerliche Gesetzbuch in Ansehung der Errichtung des Testaments durch einen Tauben.

Gründe, aus denen die Mitwirkung bei der Aufnahme von Urkunden unstatthaft ist. (§§. 166 bis 169.)

In den §§. 166 bis 168 bestimmt der Entwurf die Voraussetzungen, unter denen Jemand als Richter, Notar, Gerichtsschreiber oder Zeuge bei der Beurkundung nicht mitwirken kann, während der §. 169 eine Ordnungsvorschrift enthält, wonach bestimmte Personen nicht als Zeugen zugezogen werden sollen. Die Verletzung einer der Bestimmungen in den §§. 166 bis 168 hat die Nichtigkeit der Beurkundung zur Folge. Wie aber der §. 167 ausdrücklich hervorhebt, bleibt in dem Falle, daß eine Person, zu deren Gunsten eine Verfügung getroffen wird, oder daß der Ehegatte, der Verwandte oder der Verschwägerte einer solchen Person mitwirkt, die Nichtigkeit auf denjenigen Theil der Beurkundung beschränkt, welche jene Verfügung zum Gegenstande hat.

Unter dem Ausdrucke „Betheiligter" ist in den §§. 165 bis 168 und den weiteren Vorschriften dieses Abschnitts, wie der § 164 im Interesse einer einfacheren Fassung dieser Vorschriften bestimmt, derjenige zu verstehen, dessen Erklärung beurkundet werden soll. Die Partei, in deren Angelegenheiten oder in deren Namen die Erklärung abgegeben wird, ist hiernach nicht unter jenem Ausdrucke begriffen, vielmehr gilt, wenn Jemand für die Abgabe einer Erklärung einen Vertreter bestellt, der letztere und nicht der Vertretene als Betheiligter.

Das geltende Recht hat, was die Befähigung zur Mitwirkung bei Beurkundungen betrifft, vielfach weitergehende Vorschriften als der Entwurf. Insbesondere sind nach den §§. 5, 8 des preußischen Gesetzes vom 11. Juli 1845 und ebenso nach anderen Landesgesetzen die Seitenverwandten der Betheiligten und derjenigen, zu deren Gunsten eine Verfügung getroffen wird, nicht nur bis zum zweiten, sondern bis zum dritten Grade ausgeschlossen; das badische Rechtspolizeigesetz dehnt die Unfähigkeit sogar auf den vierten Grad aus. Ferner stellen einige Gesetze, z. B. die sächsische Notariatsordnung §. 10 Nr. 1, dem Ehegatten eines Betheiligten den Verlobten gleich. Eine Beschränkung des Kreises solcher Angehörigen, deren Betheiligung den Richter oder den Notar von der Mitwirkung ausschließt, rechtfertigt sich aber aus Gründen der Rechtssicherheit. Ueberdies konnte der Entwurf für Rechtsgeschäfte unter Lebenden nicht strengere Erfordernisse aufstellen als das Bürgerliche Gesetzbuch (§§. 2234 bis 2237) für Verfügungen von Todeswegen. Mit Rücksicht hierauf hat auch die Vorschrift des preußischen Notariatsgesetzes (§. 6) keine Aufnahme gefunden, wonach der Notar in Angelegenheiten einer Partei, deren Generalbevollmächtigter er ist, keine beurkundende Thätigkeit ausüben darf. Der Generalbevollmächtigte wird gerade vermöge dieser seiner Eigenschaft häufig zur Errichtung von Urkunden, an denen sein Machtgeber betheiligt ist, besonders geeignet sein, ohne dadurch das Vertrauen der übrigen Betheiligten einzubüßen. Dieselbe Auffassung liegt schon der sächsischen Notariatsordnung zu Grunde.

Anwesenheit der mitwirkenden Personen. (§. 170.)

Nach dem Bürgerlichen Gesetzbuche (§§. 2239, 2276) müssen die bei der Errichtung eines Testaments oder bei der Beurkundung eines Erbvertrags mitwirkenden Personen während der ganzen Verhandlung zugegen sein. Diese Anforderung geht, was die hier allein in Betracht kommende Beurkundung von Rechtsgeschäften unter Lebenden anlangt, über das Bedürfniß hinaus. Im Anschluß an das geltende Recht (preußisches Gesetz vom 11. Juli 1845 §. 7, bayerische Notariatsordnung Art. 56, 66, 81, sächsische Notariatsordnung §§. 17, 23, 34, badisches Rechtspolizeigesetz §. 56 und badische Notariatsordnung §. 33) bestimmt daher der Entwurf, daß es hier genügt, wenn die bei der Beurkundung mitwirkenden Personen bei der Vorlesung, Genehmigung und Unterzeichnung der Urkunde zugegen sind.

Protokoll. (§§. 171 bis 173.)

Die Beurkundung des Rechtsgeschäfts erfolgt in der Form eines Protokolls. Die Vorschriften des §. 171 und des §. 172 Abs. 1 des Entwurfs, denen zufolge das Protokoll über die Verhandlung in deutscher Sprache aufgenommen werden und den Ort und Tag der Verhandlung, die Bezeichnung der Betheiligten und der bei der Verhandlung mitwirkenden Personen sowie die Erklärung der Betheiligten enthalten muß, stimmen mit dem Bürgerlichen Gesetzbuche (§§. 2240, 2241) überein. Darüber, in welcher Form der Betheiligte sich zu erklären hat, giebt der Entwurf keine Bestimmung. Die Erklärung kann daher auch in der Weise geschehen, daß sich der Betheiligte zu dem Inhalt einer von ihm überreichten oder ihm vorgelegten Urkunde bekennt.

Was die Feststellung der Persönlichkeit der Betheiligten durch den Richter oder den Notar anlangt, so hat das Bürgerliche Gesetzbuch in dieser Hinsicht für die Beurkundung eines Testaments oder eines Erbvertrags Bestimmungen nicht getroffen. Nach Art. 151 des Einführungsgesetzes zum Bürgerlichen Gesetzbuche bewendet es daher insoweit bei den landesgesetzlichen Vorschriften, jedoch mit der Maßgabe, daß ein Verstoß gegen diese Vorschriften auf die Gültigkeit der Verfügung von Todeswegen ohne Einfluß ist. In Ermangelung einer besonderen Bestimmung würde sich gemäß §. 189 des Entwurfs für die gerichtliche oder notarielle Beurkundung von Rechtsgeschäften unter Lebenden der gleiche Rechtszustand ergeben. Bei der erheblich größeren Bedeutung, welche gerichtliche oder notarielle Urkunden über solche Rechtsgeschäfte für den Verkehr in allen Theilen Deutschlands haben, empfiehlt es sich indessen, hier durch eine reichsgesetzliche Vorschrift sicherzustellen, daß in das Protokoll eine Angabe darüber aufgenommen wird, ob der Richter oder der Notar die Betheiligten kennt oder, sofern dies nicht der Fall ist, in welcher Weise er sich Gewißheit über ihre Persönlichkeit verschafft hat. Im Anschluß an das Gesetz über die Beurkundung des Personenstandes und die Eheschließung (§. 13 Abs. 2 Nr. 3) und an die bestehenden Landesgesetze (zu vergl. z. B. das preußische Gesetz vom 11. Juni 1845 §. 10, die bayrische Notariatsordnung Art. 62, die sächsische Notariatsordnung §. 13, das badische Rechtspolizeigesetz §. 39 und die badische Notariatsordnung §. 19) trifft deshalb der Entwurf im §. 172 Abs. 2 eine dahingehende Bestimmung. Ein Verstoß gegen diese Bestimmung soll jedoch, entsprechend dem Art. 151 des Einführungsgesetzes zum Bürgerlichen Gesetzbuch, auf die Gültigkeit der Urkunde ohne Einfluß sein.

Der §. 173, der die Vorlesung, Genehmigung und Unterzeichnung des Protokolls betrifft, wiederholt im Wesentlichen die auf die Testamentserrichtung bezüglichen Vorschriften des §. 2242 des Bürgerlichen Gesetzbuchs. Ein Zusatz findet sich im Abs. 2. Danach muß, wenn ein Betheiligter erklärt, nicht schreiben zu können, und nicht etwa, insbesondere auf Grund des §. 165, ein Gerichtsschreiber oder ein zweiter Notar oder zwei Zeugen zugezogen sind, bei der Vorlesung und Genehmigung des Protokolls ein Zeuge mitwirken. Die Zuziehung eines solchen Schreibzeugen ist auch nach dem §. 6 des preußischen Gesetzes vom 15. Juli 1890 und dem §. 23 der sächsischen Notariatsordnung erforderlich und ausreichend. Bei der Testamentserrichtung konnte das Bürgerliche Gesetzbuch von einer entsprechenden Vorschrift absehen, weil hier immer zwei Zeugen mitwirken müssen. Auf den Schreibzeugen findet selbstverständlich die nach den §§. 166 ff. für einen Zeugen geltenden Vorschriften gleichmäßig Anwendung.

Verhandlung mit einem Stummen. (§. 174.)

Durch den §. 174 werden die Vorschriften des §. 165 insoweit ergänzt, als sie die Beurkundung von Erklärungen stummer oder sonst am Sprechen verhinderter Personen betreffen. Ist mit einer solchen Person auch keine schriftliche Verständiguug möglich, so fehlt die Möglichkeit, ihre Erklärungen in zuverlässiger Weise zur Kenntniß der bei der Beurkundung Mitwirkenden zu bringen. Soll hiergegen Abhülfe getroffen werden, so erscheint die Zuziehung eines vereideten Dolmetschers unumgänglich. Auf demselben Standpunkte stehen das sächsische und das badische Recht (sächsische Notariatsordnung §. 27, badisches Rechtspolizeigesetz §. 51). Wird ein Dolmetscher zugezogen, so ist die Zuziehung eines Zeugen, eines Gerichtsschreibers oder eines zweiten Notars (zu vergl. §§. 165, 173) entbehrlich.

Verhandlung mit einem der deutschen Sprache nicht mächtigen Betheiligten. (§. 175.)

Die Vorschriften des §. 175 betreffen die Verhandlung mit einer der deutschen Sprache nicht mächtigen Person. Die Voraussetzungen für die Zuziehung eines Dolmetschers sowie die Zulässigkeit eines Verzichts auf seine Beeidigung sind im Anschluß an die in den §§. 8, 9 des Entwurfs getroffenen allgemeinen Vorschriften über die Gerichtssprache geregelt. Die Vorschrift des §. 175 Abs. 2, derzufolge das Protokoll dem der deutschen Sprache nicht mächtigen Betheiligten durch den Dolmetscher oder, wenn ein Dolmetscher nicht zugezogen worden ist, durch den Richter oder den Notar in der fremden Sprache vorgetragen werden und die Feststellung enthalten muß, daß dies geschehen ist, steht im Einklange mit dem §. 4 Abs. 3, 4 des preußischen Gesetzes, betreffend die Geschäftssprache der Behörden u. s. w. vom 28. August 1876.

Ausschluß eines Dolmetschers von der Mitwirkung. (§. 176.)

Der §. 176 des Entwurfs dient zur Ergänzung sowohl des §. 174 wie des §. 175, indem er bestimmt, daß in Bezug auf die Ausschließung eines Dolmetschers die nach den §§. 166 bis 169 für einen Zeugen geltenden Vorschriften entsprechende Anwendung finden.

Beurkundung von Versteigerungen. (§. 177.)

Durch die Vorschrift des §. 177 wird klargestellt, daß bei der gerichtlichen oder notariellen Beurkundung von Versteigerungen nur diejenigen Bieter als Betheiligte im Sinne der Vorschriften des zehnten Abschnitts anzusehen sind, welche an ihr Gebot gebunden bleiben. Daraus folgt namentlich, daß der Richter oder der Notar nicht schlechthin von der Mitwirkung ausgeschlossen ist, wenn eine Person, zu der er in einem Verhältnisse der im §. 166 Nr. 2, 3 bezeichneten Art steht, sich als Bieter an der Versteigerung betheiligt, sondern nur dann, wenn sie an ihr Gebot gebunden bleibt. Nach dem §. 32 der sächsischen Notariatsordnung ist auch in dem letzteren Falle der Notar nicht an der Aufnahme der Urkunde verhindert. Das Gleiche gilt nach Art. 47 Abs. 2 der bayerischen Notariatsordnung, wenn sich ein Verwandter oder Verschwägerter des Notars als Steigerer betheiligt. Diese weitergehenden Abweichungen von den allgemeinen Grundsätzen sind jedoch, namentlich vom Standpunkte des Entwurfs aus, welcher dem bayerischen und dem sächsischen Rechte gegenüber im §. 166 den Kreis der Angehörigen, deren Betheiligung den Richter oder den Notar von der Mitwirkung ausschließt, nicht unerheblich einschränkt, durch die besonderen Verhältnisse bei Versteigerungen nicht geboten.

Ausfertigung der gerichtlichen Protokolle. (§. 178.)

Der §. 178 regelt die Form, in welcher die Protokolle über die gerichtliche Beurkundung eines Rechtsgeschäfts für die Betheiligten auszufertigen sind. Unter Ausfertigungen versteht der Entwurf in Uebereinstimmung mit dem herrschenden Sprachgebrauche solche Abschriften und Auszüge, welche bestimmt sind, die bei den Gerichtsakten verbleibende Urschrift im Verkehre zu ersetzen. Ihre Vorlegung hat dieselben Wirkungen wie die Beibringung der Urschrift, während die Vorlegung einer gewöhnlichen beglaubigten Abschrift vielfach, z. B. wenn es sich um den Nachweis einer Vollmacht handelt, nicht genügt. Die Rücksicht auf das Verkehrsinteresse verlangt, daß die Form der Ausfertigungen der gerichtlichen Urkunden für das Reichsgebiet einheitlich bestimmt wird. Im Anschluß an den §. 288 Abs. 3 der Civilprozeßordnung schreibt daher der Entwurf vor, daß die Ausfertigungen der Protokolle von dem Gerichtsschreiber zu unterschreiben und mit dem Gerichtssiegel zu versehen sind. Ein Bedürfniß, eine entsprechende Vorschrift für die Ausfertigung notarieller Protokolle aufzunehmen, besteht nicht in gleicher Weise, da es hier in der Natur der Sache liegt, daß die Ausfertigungen von dem Notar unterschrieben und mit seinem Dienstsiegel versehen werden.

Beglaubigung einer Unterschrift oder eines Handzeichens. (§. 179.)

Die Bestimmungen des §. 179 über das Verfahren bei der gerichtlichen oder notariellen Beglaubigung einer Unterschrift oder eines Handzeichens entsprechen dem §. 8 des preußischen Gesetzes vom 15. Juli 1890 und dem Art. 1 des hessischen Ausführungsgesetzes zur Civilprozeßordnung und Konkursordnung vom 4. Juni 1879. Für die Beglaubigung die Aufnahme eines förmlichen Protokolls vorzuschreiben (bayerische Notariatsinstruktion vom 1. Juni 1862 § 92), erscheint nicht erforderlich.

Zuständigkeit der Marineauditeure. (§. 180.)

Der §. 180 bestimmt, daß für die nach §. 163 den Amtsgerichten obliegenden Beurkundungen in Ansehung solcher Personen, die zur Besatzung eines in Dienst gestellten Schiffes der Kaiserlichen Marine gehören oder die in anderer Eigenschaft an Bord eines Schiffes sind, auch die Geschwaderauditeure zuständig sind, solange sich das Schiff außerhalb eines inländischen Hafens befindet. Den Schiffen werden die sonstigen Fahrzeuge der Kaiserlichen Marine gleichgestellt. Die Bestimmung des §. 180 entspricht einem dringenden Bedürfnisse. Aehnliche durch den §. 39 Abs. 3 des Reichsmilitärgesetzes vom 2. Mai 1874 (Reichs-Gesetzbl. S. 45) aufrechterhaltene Vorschriften bestehen landesgesetzlich in Preußen und anderen Bundesstaaten in Ansehung solcher Militärpersonen, die zu einem Truppentheile gehören, der nach der Mobilmachung seine Garnison verlassen hat oder sich dauernd im Ausland aufhält (zu vergl. das preußische Gesetz vom 8. Juni 1860 §. 1, das bayerische Gesetz vom 15. August 1828 §§. 9, 10, die sächsische Verordnung vom 4. Dezember 1867 §§. 32 ff., das badische Rechtspolizeigesetz vom 6. Februar 1879 §. 80d). Durch den Zusatz im §. 180 Abs. 3 wird klargestellt, daß sich die Zuständigkeit der Marineauditeure für die Beurkundung letztwilliger Verfügungen der im Abs. 1 bezeichneten Personen auch künftig lediglich nach den Vorschriften des Art. 44 des Einführungsgesetzes zum Bürgerlichen Gesetzbuch in Verbindung mit dem §. 44 des Reichsmilitärgesetzes richtet.

Elfter Abschnitt.

Schlußbestimmungen.

Zeitpunkt des Inkrafttretens. (§. 181 Abs. 1.)

Der §. 181 Abs. 1 bestimmt den Zeitpunkt, in welchem das

Gesetz über die Angelegenheiten der freiwilligen Gerichtsbarkeit in Kraft treten soll.

Verhältniß des Entwurfs zum Reichsrechte. (§. 181 Abs. 2, §§. 182, 183.)

Der Abs. 2 des §. 181 erklärt einzelne Vorschriften des Einführungsgesetzes zum Bürgerlichen Gesetzbuch (Art. 2 bis 5) für entsprecheud anwendbar. Sodann bringt er durch Verweisung auf den Art. 32 jenes Gesetzes zum Ausdrucke, daß auch gegenüber den Vorschriften des Entwurfs die Reichsgesetze in Kraft bleiben, soweit sich nicht aus dem Inhalte des Entwurfs ihre Aufhebung ergiebt. In Betracht kommt hier unter Anderem der schon oben (S. 91) erwähnte §. 39 Abs. 3 des Reichsmilitärgesetzes vom 2. Mai 1874, demzufolge die landesgesetzlichen Vorschriften in Kraft bleiben, nach welchen für die Truppentheile, die nach der Mobilmachung ihre Garnison verlassen haben oder sich dauernd im Ausland aufhalten, die Ausübung der streitigen oder freiwilligen Gerichtsbarkeit einem inländischen Gericht oder den Auditeuren ein für alle Mal übertragen ist oder für den einzelnen Fall im Verordnungswege übertragen werden kann. Diese reichsrechtliche Sonderbestimmung ist für das Gebiet der streitigen Gerichtsbarkeit gegenüber der Civilprozeßordnung (zu vergl. namentlich §. 15) durch den §. 13 Abs. 1 des Einführungsgesetzes zu dem genannten Gesetz aufrecht erhalten worden, und das Gleiche ergiebt sich nunmehr im Verhältnisse zu der reichsgesetzlichen Regelung der freiwilligen Gerichtsbarkeit aus dem §. 181 Abs. 2 des Entwurfs.

Die §§. 182 bis 184 sehen einige mit den Vorschriften des Entwurfs zusammenhängende Aenderungen bestehender Reichsgesetze vor.

Die §§. 11, 66 des Gesetzes über die Beurkundung des Personenstandes und die Eheschließung bestimmen, daß auf das Verfahren in den nach diesen Vorschriften den Gerichten übertragenen Angelegenheiten die für Sachen der nichtstreitigen Gerichtsbarkeit geltenden Vorschriften Anwendung finden, soweit nicht die Landesgesetze ein Anderes bestimmen. Um Zweifel darüber auszuschließen, ob dieser Vorbehalt für die Landesgesetzgebung auch gegenüber den Vorschriften des Entwurfs in Kraft bleibt, entscheidet der §. 182 diese Frage ausdrücklich im verneinenden Sinne.

Nach §. 150 des Genossenschaftsgesetzes finden gegen die

Entscheidung über Anträge auf Eintragung in das Genossenschaftsregister oder in die Liste der Genossen die Rechtsmittel statt, welche gegen die Entscheidung über Eintragungen in das Handelsregister zulässig sind. Diese Bestimmung verliert angesichts der Vorschriften des ersten Abschnitts des Entwurfs (§§. 1, 18 ff.) ihre Bedeutung und ist deshalb durch den §. 183 des Entwurfs aufgehoben.

Die im §. 184 vorgesehene Aenderung bringt den §. 11 Abs. 2 des Gesetzes, betreffend das Reichsschuldbuch, vom 31. Mai 1891 mit den Vorschriften des Entwurfs über die Zuständigkeit des Nachlaßgerichts (§. 70) in Einklang.

Allgemeine Stellung des Entwurfs zum Landesrechte.

Wesentlich abweichend von dem Einführungsgesetze zum Bürgerlichen Gesetzbuch (Art. 55), dem Einführungsgesetze zu dem Gesetz über die Zwangsversteigerung (§. 1 Abs. 2) und der Grundbuchordnung (§. 82 Abs. 2) ist das Verhältniß des Entwurfs zum Landrechte geregelt. Wie bereits hervorgehoben worden ist (S. 5), geht die Aufgabe des Entwurfs nur dahin, das Verfahren in den Angelegenheiten der freiwilligen Gerichtsbarkeit insoweit einheitlich zu regeln, als es zur gleichmäßigen Durchführung der Vorschriften des Bürgerlichen Gesetzbuchs, des Handelsgesetzbuchs und der sonstigen in Betracht kommenden Reichsgesetze erforderlich ist. Entsprechend dieser beschränkten Aufgabe kann die reichsgesetzliche Regelung keine völlig erschöpfende sein. Mit Rücksicht hierauf gewährt der §. 196 Abs. 1 der Landesgesetzgebung die allgemeine Ermächtigung, Vorschriften zur Ergänzung und Ausführung des Entwurfs, mit Einschluß der erforderlichen Uebergangsbestimmungen, zu erlassen. Aus diesem Vorbehalt in Verbindung mit dem §. 181 Abs. 2 des Entwurfs und mit dem Art. 3 des Einführungsgesetzes zum Bürgerlichen Gesetzbuch ergiebt sich zugleich, daß auch die bestehenden landesgesetzlichen Vorschriften insoweit in Kraft bleiben, als sie dem Entwurfe nicht widersprechen, sondern nur zu seiner Ergänzung dienen.

Besondere Vorbehalte zu Gunsten der Landesgesetzgebung.

In einzelnen Punkten muß aber der Landesgesetzgebung auch die Möglichkeit verbleiben, Bestimmungen zu treffen, welche von denen des Entwurfs abweichen.

Zunächst spricht, im Anschluß an den §. 83 der Grundbuchordnung, der §. 185 des Entwurfs den Grundsatz aus, daß die im Einführungsgesetze zum Bürgerlichen Gesetzbuche für die Landesgesetzgebung gemachten Vorbehalte auch für die Angelegenheiten der freiwilligen Gerichtsbarkeit gelten. Für die den vorbehaltenen Gebieten angehörenden Angelegenheiten der freiwilligen Gerichtsbarkeit sind der Landesgesetzgebung keinerlei Schranken gezogen.

Der §. 186 des Entwurfs gewährt für den Fall, daß in einem Bundesstaat auf Grund des Art. 147 des Einführungsgesetzes zum Bürgerlichen Gesetzbuche die dem Vormundschaftsgericht obliegenden Verrichtungen anderen Behörden als den Amtsgerichten übertragen sind, der Gesetzgebung dieses Bundesstaats die Befugniß, über den Vorsitz im Familienrathe Bestimmung zu treffen. Der Vorbehalt ist gegenüber dem §. 1860 des Bürgerlichen Gesetzbuchs mit Rücksicht auf diejenigen Bundesstaaten erforderlich, in welchen die obervormundschaftlichen Geschäfte durch kollegialisch eingerichtete Behörden geführt werden.

Hinsichtlich des §. 187 kann auf die Bemerkungen zum §. 163 (oben S. 89, 90), hinsichtlich des §. 189 auf die Ausführungen zu den §§. 82 ff., 95 (oben S. 58) verwiesen werden. In den einleitenden Bemerkungen zu den §§. 82 ff. (S. 51) ist auch bereits hervorgehoben, daß gegenwärtig in einzelnen Gebieten die Auseinandersetzung, falls die Betheiligten sie nicht selbst vornehmen, von Amtswegen eingeleitet wird. Die dortige Bevölkerung hat sich in diesen Rechtszustand eingelebt, und der §. 188 des Entwurfs eröffnet daher, unter Wahrung des Rechtes der Betheiligten auf selbständige Vornahme der Auseinandersetzung, der Landesgesetzgebung die Möglichkeit, sich auch künftig den geltenden Bestimmungen anzuschließen.

Der §. 190 Abs. 1 stellt klar, daß, soweit durch das Landesrecht die im Entwurfe geregelten Angelegenheiten anderen als gerichtlichen Behörden überwiesen werden, für diese Behörden neben den Bestimmungen, die sich bezüglich der einzelnen Angelegenheiten aus dem zweiten bis zehnten Abschnitte des Entwurfs ergeben, auch die allgemeinen Vorschriften des ersten Abschnittes gelten. Namentlich findet demgemäß gegenüber den Verfügungen der nicht richterlichen Behörden ebenso wie gegenüber denjenigen der Amtsgerichte die Beschwerde an das Landgericht nach §§. 18 ff. und die weitere Beschwerde an das Oberlandesgericht nach §§. 27 ff. statt. Die einheitliche Regelung des Rechtsmittelverfahrens ist für die gleichmäßige Durchführung des neuen bürgerlichen Rechtes von besonderer Bedeutung. Auch im

Uebrigen läßt der Entwurf (§. 190 Abs. 3) abweichende Vorschriften der Landesgesetzgebung nur insoweit zu, als es durch die Rücksicht darauf, daß es sich um nicht richterliche Behörden handelt, unbedingt geboten ist. Die Vorschrift des §. 190 Abs. 2 will außer Zweifel stellen, daß, wenn nach Landesgesetz andere als gerichtliche Behörden zuständig sind, als gemeinschaftliches oberes Gericht im Sinne der §§. 5, 43 dasjenige Gericht gilt, welches das gemeinschaftliche obere Gericht für die Amtsgerichte ist, in deren Bezirke die Behörden ihren Sitz haben. Durch Landesgesetz soll jedoch bestimmt werden können, daß, wenn die Behörden, insbesondere Gemeindebehörden, in dem Bezirke desselben Amtsgerichts ihren Sitz haben, dieses als gemeinschaftliches oberes Gericht zuständig ist.

Nach §. 190 Abs. 1 in Verbindung mit dem §. 2 des Entwurfs würde, falls nach Landesgesetz andere als gerichtliche Behörden zuständig sind, das Ersuchen um Rechtshülfe nicht an die Gerichte, sondern ausschließlich an die anderen Behörden zu richten und von diesen zu erledigen sein. Da jedoch die Behördenorganisation in den anderen Bundesstaaten nicht allgemein bekannt sein wird und nicht selten auch sachliche Gründe dafür sprechen werden, daß die Rechtshülfe von den Gerichten geleistet wird, so bestimmt der Entwurf im §. 190 Abs. 4, daß durch die Vorschrift des Abs. 1 die Verpflichtung der Gerichte, gemäß §. 2 die Rechtshülfe zu leisten, nicht berührt wird.

Eine weitere Abweichung von den allgemeinen Vorschriften des ersten Abschnitts gestattet der Entwurf (§. 191) der Landesgesetzgebung für den Fall, daß die dem Vormundschaftsgericht oder dem Nachlaßgericht obliegenden Verrichtungen durch Landesgesetz anderen Behörden als den Amtsgerichten übertragen sind. Entsprechend dem §. 100 der Grundbuchordnung wird hier der Landesgesetzgebung die Befugniß gewährt, bei Verfügungen jener Behörden der Beschwerde an das Landesgericht eine Anrufung des Amtsgerichts vorausgehen zu lassen.

In verschiedenen größeren Rechtsgebieten, z. B. in Bayern und Sachsen, erfolgt nach dem geltenden Rechte die Volljährigkeitserklärung durch den Landesherrn. Gemäß Art. 147 des Einführungsgesetzes zum Bürgerlichen Gesetzbuch ist die Landesgesetzgebung in der Lage, diesen Rechtszustand in der Weise aufrechtzuerhalten, daß die Volljährigkeitserklärung der Zentralstelle des betreffenden Bundesstaats übertragen wird. Für diesen Fall passen die allgemeinen Vorschriften des ersten Abschnitts zum größten Theile nicht. Der §. 192 Abs. 1 schließt daher die

Anwendung jener Vorschriften aus. Gegenüber dem §. 53 Abs. 2, wonach die Verfügung, welche einen Minderjährigen für volljährig erklärt, mit der Rechtskraft wirksam wird, sieht der §. 192 Abs. 2 des Entwurfs im Anschluß an die Regel des §. 15 vor, daß die Volljährigkeitserklärung, falls sie von der Zentralstelle eines Bundesstaats ausgesprochen wird, mit der Bekanntmachung der Verfügung an den Mündel in Kraft tritt.

Hinsichtlich der Vorschrift des §. 193 über die Aufbewahrung der von den Standesbeamten geführten Nebenregister ist auf das oben S. 42 Bemerkte zu verweisen.

Der Vorbehalt des §. 194, wonach der Richter auf Grund landesrechtlicher Bestimmung bei der Beurkundung einer Erklärung in den Fällen des §. 165 an Stelle des Gerichtsschreibers oder der zwei Zeugen eine besonders dazu bestellte Urkundsperson zuziehen kann, schließt sich dem Art. 149 des Einführungsgesetzes zum Bürgerlichen Gesetzbuch an.

Die Vorschrift des §. 195 Abs. 1 über die Zuständigkeit für das Rechtsmittel der weiteren Beschwerde stimmt mit dem §. 102 der Grundbuchordnung überein. Im Interesse einer gleichmäßigen Rechtsprechung wird weiterhin durch die Vorschrift des §. 195 Abs. 2 Satz 1 demjenigen Gerichte, welchem nach Abs. 1 durch die Gesetzgebung eines Bundesstaats die Entscheidung über das Rechtsmittel der weiteren Beschwerde zugewiesen wird, in den Fällen des §. 61 und des §. 139 Abs. 2 auch die Entscheidung über die Beschwerde gegen die Verfügungen der Landgerichte übertragen. Aus dem gleichen Grunde bestimmt der §. 195 Abs. 2 Satz 2, daß jenes Gericht im Sinne der §§. 5, 43 als gemeinschaftliches oberes Gericht für alle Gerichte des Bundesstaats gilt (zu vergl. §. 9 des Einführungsgesetzes zur Civilprozeßordnung).

Wegen des §. 196 Abs. 1, der die Landesgesetzgebung ermächtigt, Vorschriften zur Ergänzung und Ausführung des Entwurfs zu erlassen, kann auf das S. 101 Bemerkte verwiesen werden. Nach dem Abs. 2 des § 196 soll, soweit durch Landesgesetz allgemeine Vorschriften über die Errichtung gerichtlicher oder notarieller Urkunden erlassen werden, ein Verstoß gegen eine solche Vorschrift, unbeschadet der Vorschriften über die Folgen des Mangels der sachlichen Zuständigkeit, ohne Einfluß auf die Gültigkeit der Beurkundung sein. Die Bestimmung entspricht dem im Art. 151 Satz 2 des Einführungsgesetzes zum Bürgerlichen Gesetzbuche für Testamente und Erbverträge aufgestellten Grundsatze. Daß landesgesetzliche Vorschriften der bezeichneten

Art neben den Bestimmungen des zehnten Abschnitts zulässig sind (zu vergl. Einführungsgesetz zum Bürgerlichen Gesetzbuch Art. 151 Satz 1), braucht nicht besonders ausgesprochen zu werden, da es sich schon aus der grundsätzlichen Stellung des Entwurfs zu der Landesgesetzgebung (§. 196 Abs. 1) ergiebt.

Anlage.

Die für die Civilprozeßordnung in Aussicht genommenen neuen Vorschriften über die Zustellungen von Amtswegen.

§ 190a. Auf die von Amtswegen zu bewirkenden Zustellungen finden die Vorschriften über die Zustellungen auf Betreiben der Parteien entsprechende Anwendung, soweit nicht aus den nachfolgenden Bestimmungen sich Abweichungen ergeben.

§ 190b. Für die Bewirkung der Zustellung hat der Gerichtsschreiber Sorge zu tragen.

§ 190c. Die Beglaubigung der bei der Zustellung zu übergebenden Abschrift geschieht durch den Gerichtsschreiber.

§ 190d. Der Gerichtsschreiber hat das zu übergebende Schriftstück in einem durch das Gerichtssiegel verschlossenen, mit der Adresse der Person, an welche zugestellt werden soll, versehenen und mit einer Geschäftsnummer bezeichneten Briefumschlag einem Gerichtsdiener oder der Post zur Zustellung auszuhändigen. Auf den Briefumschlag ist der Vermerk zu setzen: Vereinfachte Zustellung.

Die auf dem Briefumschlag angegebene Geschäftsnummer ist in den Akten zu vermerken.

Die Vorschrift des §. 177 Abs. 2 findet keine Anwendung.*)

---

*) Der neue §. 177 Abs. 2, der an die Stelle des bisherigen § 177 Satz 2 treten soll, lautet:

Der Gerichtsvollzieher hat auf dem bei der Zustellung zu übergebenden Schriftstücke zu vermerken, für welche Person er dasselbe der Post übergiebt, und auf der Urschrift des zuzustellenden Schriftstücks oder auf einem mit derselben zu verbindenden Bogen zu bezeugen, daß die Uebergabe in der im Abs. 1 bezeichneten Art und für wen sie geschehen ist.

§ 190e. Die Beurkundung der Zustellung durch den Gerichtsdiener oder den Postboten erfolgt nach den Vorschriften des §. 178 Abs. 2 mit der Maßgabe, daß eine Abschrift der Zustellungsurkunde nicht zu übergeben, der Tag der Zustellung jedoch auf dem Briefumschlage zu vermerken ist.

Die Zustellungsurkunde ist dem Gerichtsschreiber zu überliefern.

§ 190f. Ist die Zustellung durch Aufgabe zur Post (§. 161) erfolgt, so hat der Gerichtsschreiber in den Akten zu vermerken, zu welcher Zeit und unter welcher Adresse die Aufgabe geschehen ist. Der Aufnahme einer Zustellungsurkunde bedarf es nicht.

Druck von A. W. Hayn's Erben, Potsdam.

FSC
www.fsc.org
MIX
Papier | Fördert gute Waldnutzung
FSC® C083411

Kolibri 360 GmbH
Ferdinand-Jühlke-Straße 7
99095 Erfurt, Deutschland
produktsicherheit@kolibri360.de